涯子供なし
本は世界一、
持たない人が多いのか

福山絵里子

日経プレミアシリーズ

はじめに

生涯にわたって子供を持たない人が増えている。これは多くの人が日常生活の中でうっすらと感じていることだと思う。「うちの子はずっと独身で」「最近は子供がいない人が多いから……」という会話が交わされることは珍しくない。

その背景を詳しく尋ねる人は少ない。「子供を持つか持たないかは個人の自由」であり、「極めてプライベートな問題」である。それぞれの事情があり、他人がどうこう言う問題ではない。むしろ日本では「子供がいない」ことを話題にするのはタブーである、というのが通常の感覚だろう。

少子化は常に国家存続の危機として問題視され、昨今ニュースでその言葉を聞かない日はない。もっと人口を増やさないと大変なことになる、と国家は脅しに近い警鐘をならしてくる。だがそこに、誰が子供を持たないのか、子供がいないことはその人々にとって幸福なのかどうかという視点は、ない。

子供を持たない人がどのくらいいるのかを数値で見てみるとどうだろう。世界で比較してみるとどうだろう。こんな単純な問いが、日本社会で投げかけられることは、これまでほとんどなかった。

しかし、国民の視点から社会を考える上で必要なのは、実はこのような問いかけではないだろうか。

問いへの答えは、日本は世界でも突出した「生涯無子《むし》」の国であるということだ。先進国で最も、生涯にわたって子供を持たない人が多い国。それが今の日本だ。

子供を持たない理由は様々で、自分の人生をより楽しみたいからという人もいる。だが、日本は世界で最も、既存の価値観にとらわれず自分の人生を謳歌している人が多い国なのだろうか。多くの読者がそうではないと感じるのではないだろうか。

子供を持たない人の増加という問題に、記者としてどう向き合うかはとても難しい。マクロの数値から全体像をつかもうとすると、それだけでは語れない個々人の人生が思い浮かぶ。個々人の人生を追いかければ、その多様性ゆえに全体像を語ることの意味について考え込んでしまう。

そもそも子供を持たない人の増加を「問題」として提起することが正しいかどうかという問いもある。「問題」とすれば、子供を持たないことを負と捉えるイメージが強調され、それは子供を持たない人への偏見を生じさせたり、強めてしまったりする可能性がある。

一方で、「問題」としなければ、子供を持たない人の増加の背景にある社会的な構造を見落とす可能性がある。これまでの日本はどちらかといえば、話題にすることをタブー視してきた結果、その背景について踏み込んで考えてこなかったのではないだろうか。

子供を持たないことは悪いことではない。社会が豊かになり、人生の選択肢が増える中で、どの先進国でも、子供を持たない人は増えてきた。

だが、日本は突出している。それはなぜだろう。その先の未来には何があるのだろう。本書ではこのような視点から、子供を持たない人の増加について考えてみたいと思う。

マクロのデータと個人の声の間を行き来しながら浮かんだのは、「産みたくても産めなかった日本」や「家族がいない高齢期への不安」、そして「若者の絶望や無関心」だった。

この先、日本は、女性の3～4割、男性の4～5割程度が生涯にわたって子供を持たない国になると推計されている。そのとき、日本社会はどうなるのか。人々の生活はどう変わるのだろうか。

本書では、個人の視点を問題の中心に据えながらも、できるだけデータや専門家の知見を交えて考察した。独身税の歴史やセックスレスなどの話題のほか、老後の身元保証といった現実的な課題についても取り上げた。なお、本文中に登場する方々の肩書きは取材当時のものとした。取材に応じてくださった方々に改めて感謝を申し上げたい。

「少子化」を個人の視点から捉え直した、いわば「裏・少子化論」と言っても良い。子供の有無にかかわらず、現代の少子化問題に疑問を持つ方々に読んでいただければ幸いである。

目次

第2章 「無子化」と「少子化」を考える

第1章

「子供を持たない人たち」の実像

#生涯子供なし

ハッシュタグ「#生涯子供なし」にあふれた声

2023年1月11日、日本経済新聞社は電子版で1つの記事を公開した。タイトルは「生涯子供なし、日本突出　50歳女性の27%」だった。

当時の記事を以下に紹介する。

生涯にわたり子を持たない人が増えている。経済協力開発機構（OECD）のデータベースで最新となる1970年に生まれた女性の50歳時点の無子率を比べると、日本は27%と先進国で最も高い。岸田文雄首相は「異次元の少子化対策に挑戦する」としたが、子育て世帯だけでなく子を持つことを諦めている層への目配りも欠かせない。

２０００年生まれは４割近い可能性も

人口学では、女性で50歳時点で子どもがいない場合を「生涯無子」（チャイルドレス）と見る。ＯＥＣＤによると、70年生まれの女性の場合、日本は27％。比較可能なデータがある17カ国のうちで最も高い。次いで高いのはフィンランド（20・７％）で、オーストリア、スペインと続く。ドイツはＯＥＣＤのデータにないが、ドイツ政府の統計によると21％（69年生まれ）だった。

24カ国で比較できる65年生まれでも日本（22・１％）が最も高く、英国、米国など主要国を上回る。両立支援などの政策が進んだ西欧諸国では子を持たない人の増加の勢いが収まっており、英米では減っているという分析もある。日本は後れをとっている。

国立社会保障・人口問題研究所は、２０００年生まれの女性では、31・６％（現在の出生傾向が続く場合）～39・２％（出生率を低く見積もった場合）が生涯子を持たないと推計する。男性は未婚率の高さを考慮するとさらに高くなりそうだ。

図表1-1　生涯無子率は日本が最高に
（女性の出生年別・50歳時点）

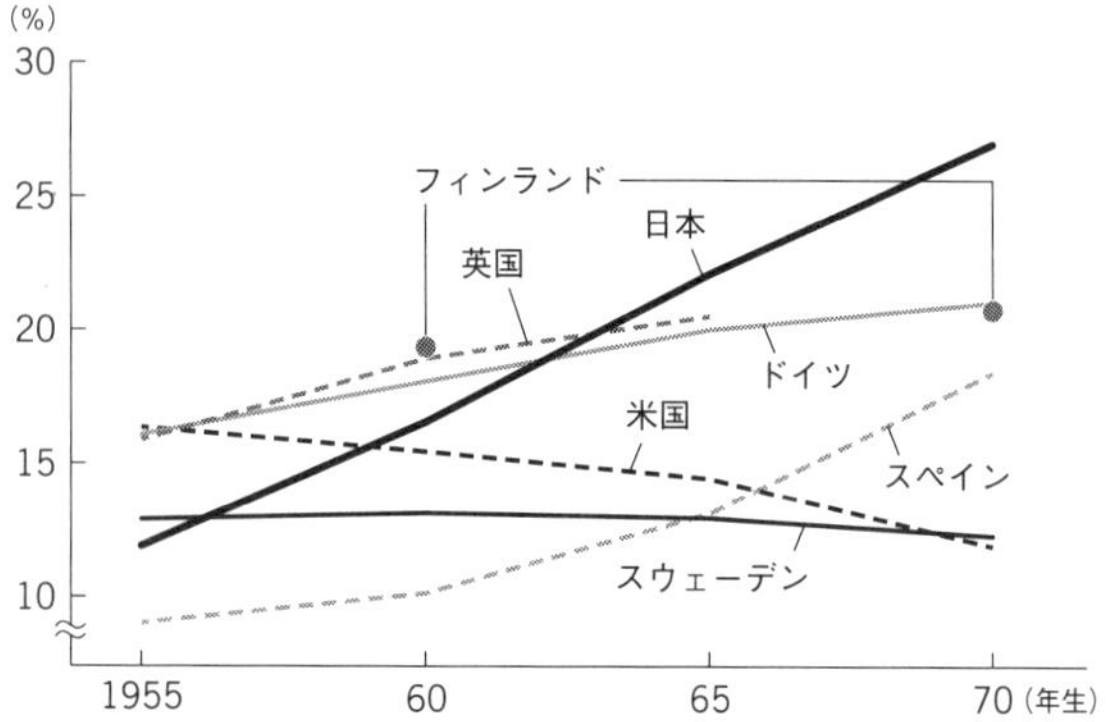

（注）OECDデータベースから取得。ドイツは同国政府統計から抽出。フィンランドのデータは1960年と1970年のみ
（出所）日本経済新聞社

無子志向の背景に「諦め」

同研究所の守泉理恵氏は無子を定量的に分析した。出生動向基本調査を基に、無子女性を①結婚困難型②無子志向型③出産延期型④不妊・健康理由型――に分類した。

近年大きく増えたのは①の結婚困難型。25歳から49歳までのどの年代（5歳刻み）を見ても最多だ。十分な経済力がある適切な相手を見つけることができないことも一因とみられる。次に多かったのは②の無子志向で、若い世代で増えた。女性全体の中で5％程度が無子志向と推察した。

未婚女性では低収入や交際相手がいないと子を望まない確率が高かった。守泉氏は「積極的選択というより、諦めている女性が多いと示唆される」と話す。

岸田政権は子育て世帯への経済的支援を充実する見通しだ。非正規社員への社会保障の拡充や男女ともに育児との両立が可能な働き方へ向けた改革も必要となる。子育てのハードルを下げるため教育費の軽減も急務だ。

日本では86年に男女雇用機会均等法が施行された。無子率が高い65年〜70年生まれは均等法第一世代だ。働く女性が増えたものの両立支援は進まず、退職して出産か子どもを持たずに働くかの選択を迫られる傾向が続き、少子化が進んだ。

ドイツと日本の無子について分析した原俊彦・札幌市立大学名誉教授は「キャリア形成などで、女性が結婚や子育てを最優先課題としなくなった結果、晩婚・晩産化が進み子どもがいない人が増加した」とする。

家族以外のサポート課題に

4人に1人以上が無子という社会になることを前提とした分析も出た。

東京都立大学の阿部彩教授は、子どもがいない場合、社会的サポートが欠如しがちなことを定量的に示した。国立社会保障・人口問題研究所「生活と支え合いに関する調査」のデータを基にした。

ちょっとした手助けをしてくれるといった「日常的サポート」や、愚痴を聞いてくれるといった「情緒的サポート」は、子どもがいない場合に欠如の割合が高かった。特に男性は欠如が顕著だった。貧困である場合、よりその傾向が強かった。

阿部教授は「欧州では、家族主義の強い国ほど子どもがいない人が孤立しやすいという分析がある。日本は社会的サポートの多くを家族に頼っている。孤立・孤独が社会問題となる中で、安心して暮らせる社会づくりが必要になる」とする。

日経電子版に記事を公開したのが、1月11日の20時30分過ぎ。全文を読むには有料会員になる必要がある記事だったが、公開するやいなやアクセス数がぐんぐん上昇していった。

翌朝になってもアクセスは集中したまま。記事は1月12日付朝刊1面にも掲載された。そしてSNS上である現象が起きる。X（記事公開当時はツイッター）上に「#生涯子供なし」というハッシュタグが登場し、子供を持たない人たちが記事を引用しつつ、なぜ自分が子供を持たなかったのか発信をし始めたのだ。

当時、「#生涯子供なし」を付した投稿の内容は、次のような主旨のものだった。

- 就職活動中、女性は「恋人はいるか」「結婚したいか」「子どもは産みたいか」「結婚出産で仕事を辞めないか」といった質問に全部NOと言えないと内定はもらえない時代だった
- 仕事を続けながら親を介護しているが、本心では若いうちに結婚・出産を望んでいた
- 就職氷河期世代。複数人の兄弟がいるが、子供を持つ者はほぼいない
- 残業有りのフルタイム共働きをしている。生活費を工面しつつ奨学金を返済し、少額ながら貯金もするとなると、月数万円程度の娯楽費を捻出することも難しい

・結婚も子供を持つことも希望していたが、若いうちは非正規雇用で低収入だった。交際相手も派遣やアルバイトと、同様の状況にあった。家庭を持つのは無理だと考えているうちに月日が経過し、いつの間にか諦めていた

発信者はほぼ、当事者の女性たち

日本では子供を持たないことについて、その理由を人に尋ねることははばかられる。極めてプライベートな問題で、他人が踏み入ってよい領域ではないというのが通常の感覚だろう。しかし、無子率を報じてみると、社会は逆の反応を示した。「立ち入り禁止」のドアプレートをぶら下げて閉ざされた扉の向こうに「わかってほしい」「聞いてほしい」という人々の声が隠れていた。

発信者のほとんどは女性だった。特に多かったのは40、50代とみられる女性である。これらの世代は、1986年の男女雇用機会均等法施行後に社会に出た人たちだ。

そこでまず彼女たちに取材をして、話を聞いてみた。

仕事か子供か、二者択一を迫られた

「仕事か子供か、完全な二者択一だった」。こう話すのは、機械メーカーに勤める50代のAさんだ。

Aさんは首都圏の大学を卒業後、就職してから大学院に入り直し、経営学修士（MBA）を取得した。その後は人事を専門に転職を重ねてきた。

かつて所属したある外資系コンサルティング会社では、午前3〜4時まで打ち合わせ。タクシーで帰り、翌朝9時には次の顧客へ新規提案をするといった働き方だった。「当時は周りも男性ばかりでそれが普通だった」と話す。

社会に出たころの景気はよかったが、その後バブルはすぐに崩壊した。「産休を取ったら帰る場所はないというのが暗黙の了解だった」。仕事が好きで、家にいる自分は想像できなかった。結婚や子供は望まなかったという。

今の会社でも人事部で働いている。会社の目標にはダイバーシティ（多様性）とあるが、実際には各部署から「できれば男性の部下に来てほしい」という声が寄せられる。「少子化が大変とニュースでは言うが、実際には少子化が極限まで進み、現実的な不利益がそれぞれに迫らないと何も変わらない」と感じている。

不安はある。「今は健康で収入もあるけれど、病気になったりしたら突然、収入がなくなってしまう。そのときにどうしたらいいのか……」

不利益も感じる。妻子ある男性社員と給与明細を見比べ、手当などの差に愕然としたことがある。「結婚して子供が2人いるのが標準という仕組みは変えてほしい」という。

「子供を持つのが、当たり前だと思っていた」

子供がいない女性たちの生き方を応援する「マダネ　プロジェクト」を主宰する、くどうみやこ氏にも話を聞いた。

現在50代のくどう氏は、子供のころから結婚して子供を持つことが当たり前だと思っていたという。30代で結婚したものの忙しく、仕事を優先しているうちに40歳を過ぎ、子宮の病気で子供を産めなくなった。

子供を授からなかった悲しみとともに、子供はいなくてもよいという気持ち、タイミングを逃してしまったという気持ちと複雑な感情が混ざり合ったという。

子供のいない人生を歩むことになったが「ロールモデルがいなかった」。それならと自ら子供がいない女性の交流会などを開く「マダネ プロジェクト」を始めた。

プロジェクトを始めて500人以上の話を聞いてきた。子供がいない人は男性の方が多いが、くどう氏は「女性の方が悩む人が多い」と話す。

今の40~50代の女性には子供を持たないことに劣等感や罪悪感を抱く人もいるが、年齢を重ね、同じ境遇の人と言葉を交わすうちに和らいでいく人が多いという。

一方、最近は「少子化対策の拡充が掲げられ、産まなかったことを責められているように感じるという声が目立つ」と感じている。

出産すれば退職
――「産めなかった時代」の働き方①

話を聞いた2人が子供を持たなかった背景の1つに、仕事がある。1980~2010年代の女性の働き方がどう変わってきたか、少し解説を加えたい。

男女雇用機会均等法が施行された1986年以降、働く女性は増えたが、結婚して仕事を辞める「寿退社」が幸せと考える女性もまだまだ多かった。

女性たちの前にあったのは「出産すれば退職」という生き方だった。第1子出産後、育休を取って正社員の仕事を継続した割合は、1980年代後半では12％、1990年代後半でも27％だ。

前述したAさんは「バブル崩壊後は男性でもリストラされているのに、なぜ育休を取った女性を雇用しなくてはいけないのかという雰囲気だった」と話す。

正社員として職場に残ろうとすれば、厳しい現実が立ちはだかった。その1つは労働時間の問題だ。

雇用機会均等法は1997年の改正（1999年施行）により、労働基準法の「女子保護規定」が撤廃された。これは夜10時以降や休日に女性を働かせることと、長時間の残業をさせることを一部の業種を除いて規制する規定だったが、産業界の要請で撤廃になった。

1997年に日本経済新聞に寄せられた投書がある。

「今は気軽な一人暮らしなので夜10時以降働いても問題ないが、子供が生まれたりしたら仕事を辞めざるを得ない状況になるのでは」

この想像は当たり、育児を抱えた女性たちは正規雇用から退出していった。

1997年の国会では「時間外労働に男女共通の規制をすることこそ先決ではないか」「女子保護規定の撤廃で少子化は加速し、20年後の日本社会が活力を失うばかりでなく、社会保障制度も含めて非常にゆがんだ社会になる」との声が上がっていた。

命を失うほどの労働負荷が存在——「産めなかった時代」の働き方②

2000年代に入ると、正社員として職場に残った女性たちは、男性と同じようにやりがいがあり、大きな責任を伴う仕事に就くことも増えた。ただ負荷も増した。

「男性ばかりの職場でかわいがられたが、終電での帰宅は当たり前」(2007年入社・営業職女性)。「睡眠時間が2時間ということもしょっちゅう」(2010年入社・コンサルタント女性)という状況だった。

２０００年代の正社員の労働時間は、高度経済成長期とほぼ同じで、女性だけではなく男性にとっても決して楽なものではなかった。過労死・過労自殺は増え、年間２００件近くになった。

長時間労働で家に帰らぬ男性たちの背後には、家庭で家事・育児を一手に担った妻たちもいた。その女性たちもまた決して楽ではなかったはずだ。

日本社会に広がっていた静かな悲鳴を大きな警報に変えたのは、２０１５年に24歳で過労自殺した電通の高橋まつりさんだった。月１００時間を超える残業をし、本人とみられるＳＮＳには「眠りたい以外の感情を失った」と残した。

一部の企業では変化の兆し
――「産めなかった時代」の働き方③

２０１７年に政府は「働き方改革実行計画」をまとめ、罰則付きの残業上限を導入すると明記した。転勤を伴わない限定正社員や在宅勤務など働き方も多様化した。

特に大企業で働く女性は、仕事を続けながら子育てをしやすい環境が整いつつある。

企業では伊藤忠商事が２０２２年に、女性社員の出生率を発表した。２０１０年度に０・94だった出生率が２０２１年度に１・97になったという。国の同年の合計特殊出生率１・30を大きく上回る。朝型勤務などの働き方改革が功を奏したとみられている。

ただ、それは全国から見ればごく一部の成功例だろう。なお企業の規模や地域によって濃淡がある。育休すら取りにくい空気の企業もたくさんある。

例えば、厚生労働省の雇用均等基本調査によると、女性の育休取得率は５００人以上の会社では96％だが、30人未満の会社では67％に下がる。男性はそれぞれ25％と11％になる。

子供を持たない人たちは、悩みを抱えていても「自分で選んだ道でしょ」「自己責任では」と突き放されることがあるという。特に子供を持たない女性に厳しい視線を投げかける人は多い。

だが、日本は長らく、働く女性にとっては「産みたくても産めない社会」だった。「＃生涯子供なし」で声を上げた女性たちは、その苦しみを忘れていない。

５０００以上の声から浮き彫りとなった現状

読者アンケートから見えたもの

前節では、主に働く女性にとっての子供の持ちづらさを紹介した。ただ、日本の生涯無子率の上昇はそれだけが理由ではないだろう。

「就職氷河期」「介護」「奨学金」「虐待経験」……。「#生涯子供なし」のつぶやきには日本が抱える社会的な構造問題がいくつも潜んでいる気配があった。

さらなる声を拾うため、２０２３年2月、日経新聞の読者を対象にした大規模調査を実施した。そこから浮かび上がったのは、仕事や経済面での不安に加え、若い世代の絶望だった。

調査は日経リサーチと共同で２０２３年2月16～20日、日経電子版などの利用に必要な「日経ＩＤ」の所有者を対象にオンラインで実施した。対象は20代以上。３４２１人から回

図表1-2 子供がいない理由は「結婚していないから」が最多

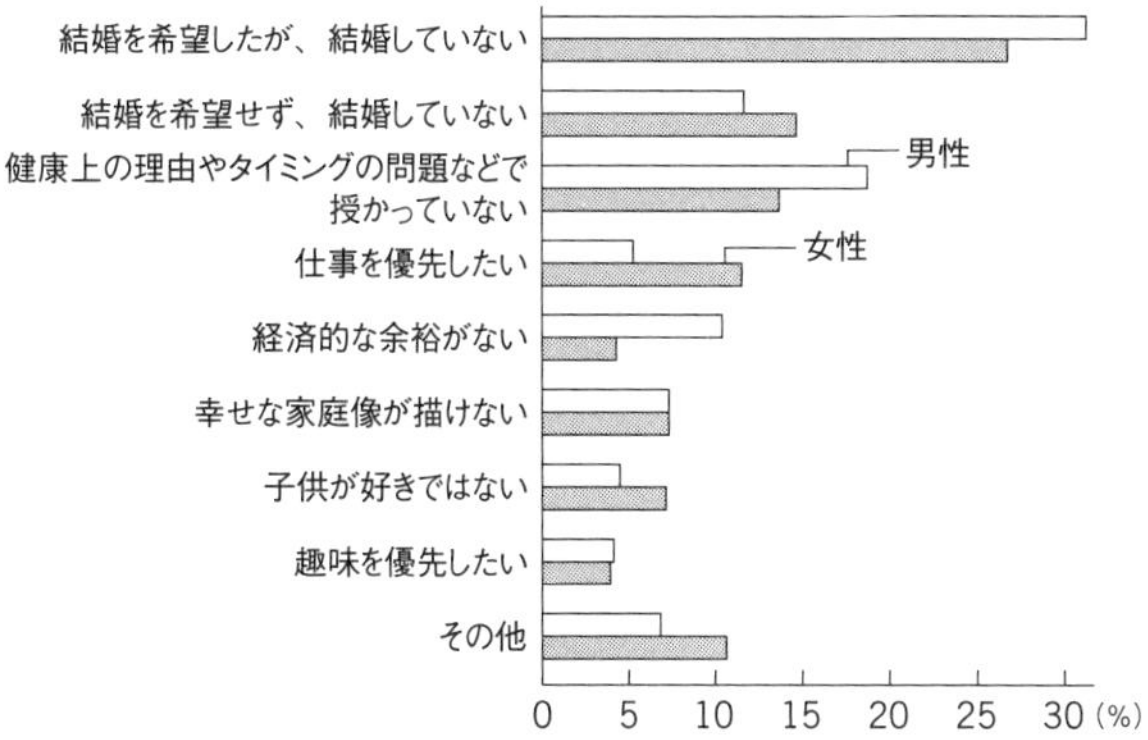

(注)「結婚」には事実婚などパートナーとの関係も含む。それぞれ「仕事を優先したかった」など過去の状態も含む
(出所) 日本経済新聞社

答を得た。そのうち子供がいない人は1599人だった。性別の内訳は男性が1003人、女性が596人。自由記述欄には延べ5000を超える回答が寄せられた。

アンケートの詳細に入る前に少し頭を整理したい。子供を持たない社会を考える上ではいくつかの視点がある。

子供を持ちたいと望みながら持てていない人のこと。そもそも子供を持ちたいと思わない人のこと。さらには、子供を持たない人の人生はどうなるかということだ。この節では、子供を望んでも持てない理由や、持ちたくない理由について検討する。

経済的な余裕がない男性、仕事の両立に不安な女性

まずデータから全体像を示す。

最も知りたいのは、子供がいない人はなぜ子供を持たないのか？　ということだろう。子供がいない人にその理由を1つ尋ねたところ、男女ともに最も多いのは「結婚を希望したが、結婚していないから（パートナーがいないから）」だった。子供を望んでいてもその前の段階で、かなっていない人が多いということだ。世界的にも子供を持たない人の背景としてパートナーの不在が指摘されている。「不本意な無子」が最も多いということを認識しておきたい。

その上で、性別・年代別に見ると傾向に違いがあった。

全年代で、「結婚を希望したが、結婚していないから」は男性が女性より多く、「結婚を希望せず、結婚していないから」は女性が男性を上回る。同じ「結婚していない」という状況でも、男性の方が結婚を望んでいる。

「仕事を優先したい（したかった）から」は、全年代で女性が男性を上回る。全年齢の合計

図表1-3 「仕事を優先したいから」は全年代で女性が多い
(子供がいない人に聞いた、子供がいない理由)

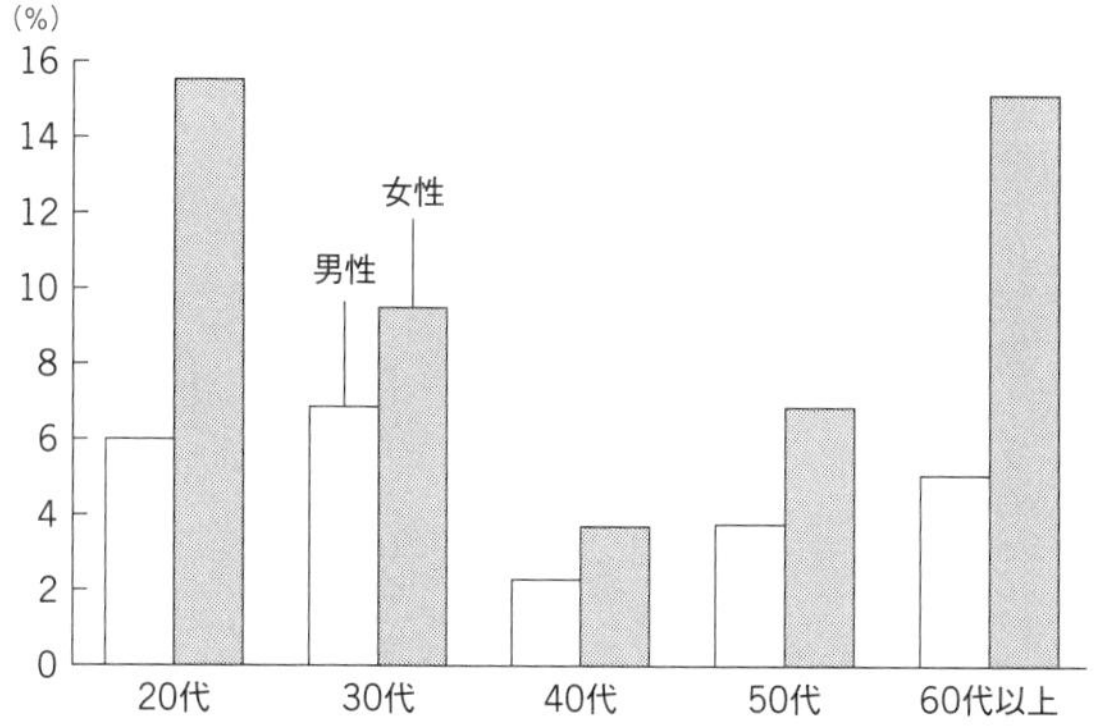

（出所）日本経済新聞社

図表1-4 「経済的な余裕がないから」は男性に多い
(子供がいない人に聞いた、子供がいない理由)

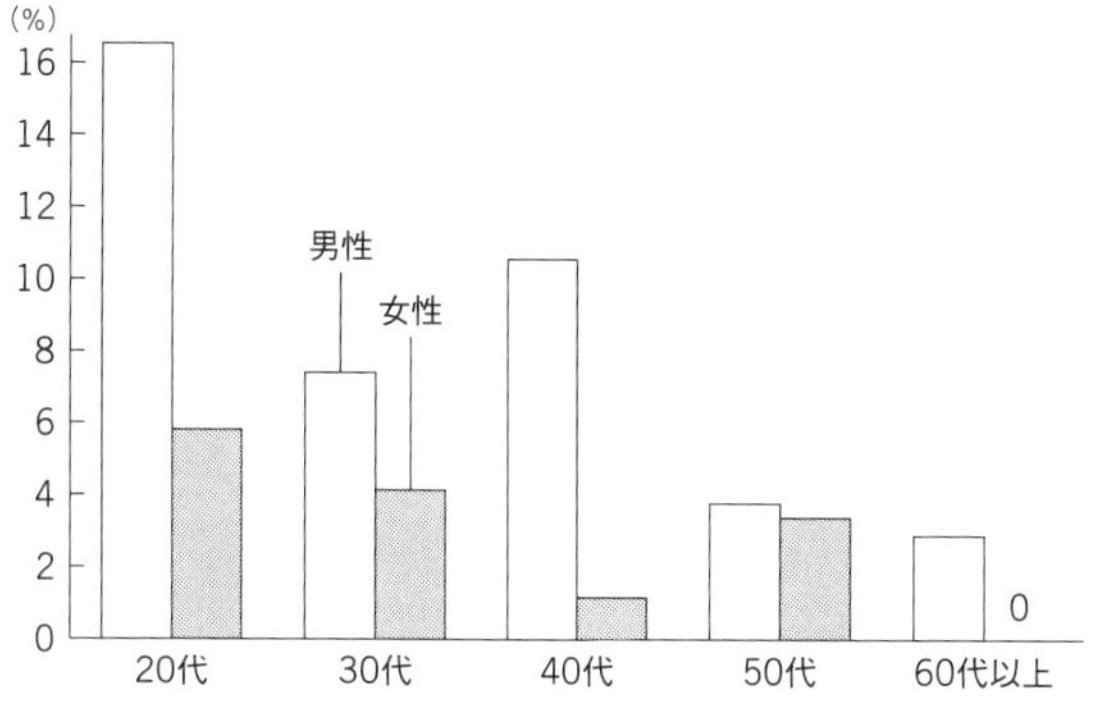

（出所）日本経済新聞社

でも、女性（11・6％）が男性（5・3％）の2倍だった。女性の方が、仕事か子供かの選択を迫られている。

「経済的な余裕がない（なかった）から」は、全年代で男性が女性を上回る。40代では男性（10・6％）が女性（1・2％）の9倍近い。

女性への様々な負担の偏重

女性の方が、男性より結婚を希望している率が低い背景には、女性への負担の偏りがあるかもしれない。

子供がいる人に、子供を持ったことで負担になったことを複数回答で尋ねたところ、男女とも最も多いのは「経済的負担の増加」だった。これは性別・年代別に見ても大きな差はなかった。

ただ、そのほかの、すべての項目で女性の方が負担に感じている人が多い。

「仕事でのキャリアアップの鈍化・停止」は全年代で女性が男性を上回った。全年齢の合計でも女性（43・7％）が男性（5・7％）の8倍近くだった。

図表1-5　女性の方が子育てに多くの負担を感じている
（子供がいる人に聞いた、子供を持つことによる負担）

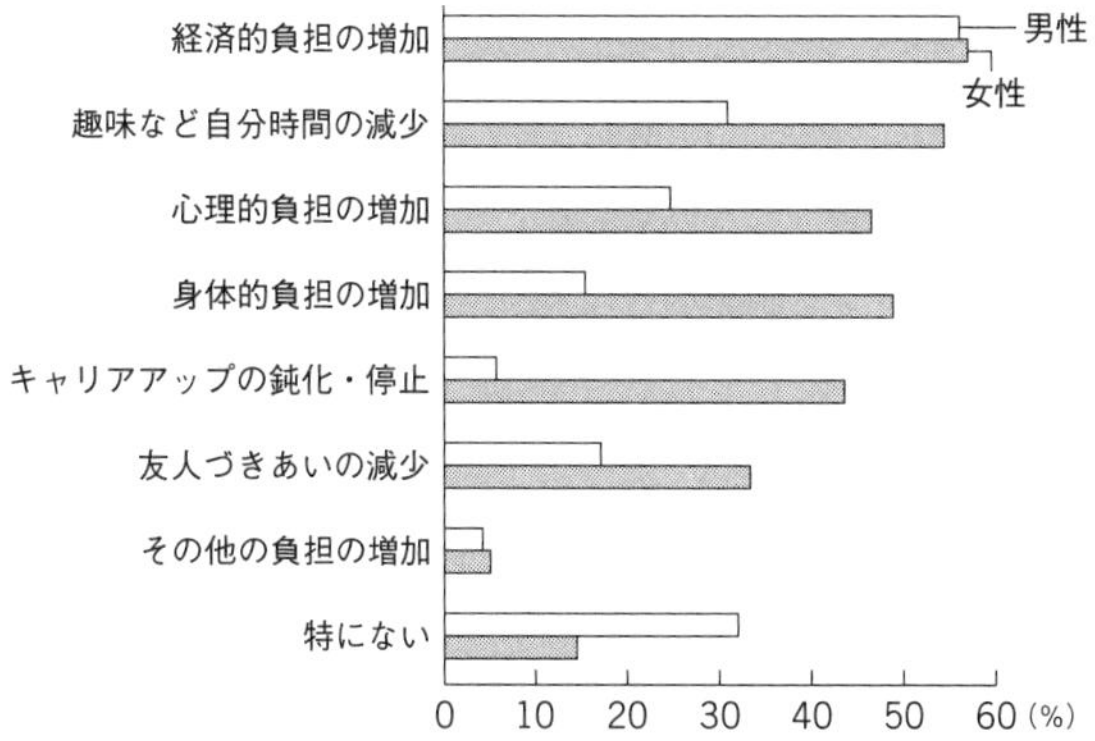

（注）複数回答
（出所）日本経済新聞社

図表1-6　子を持つ負担「特にない」は中年男性が多い
（子供がいる人への質問）

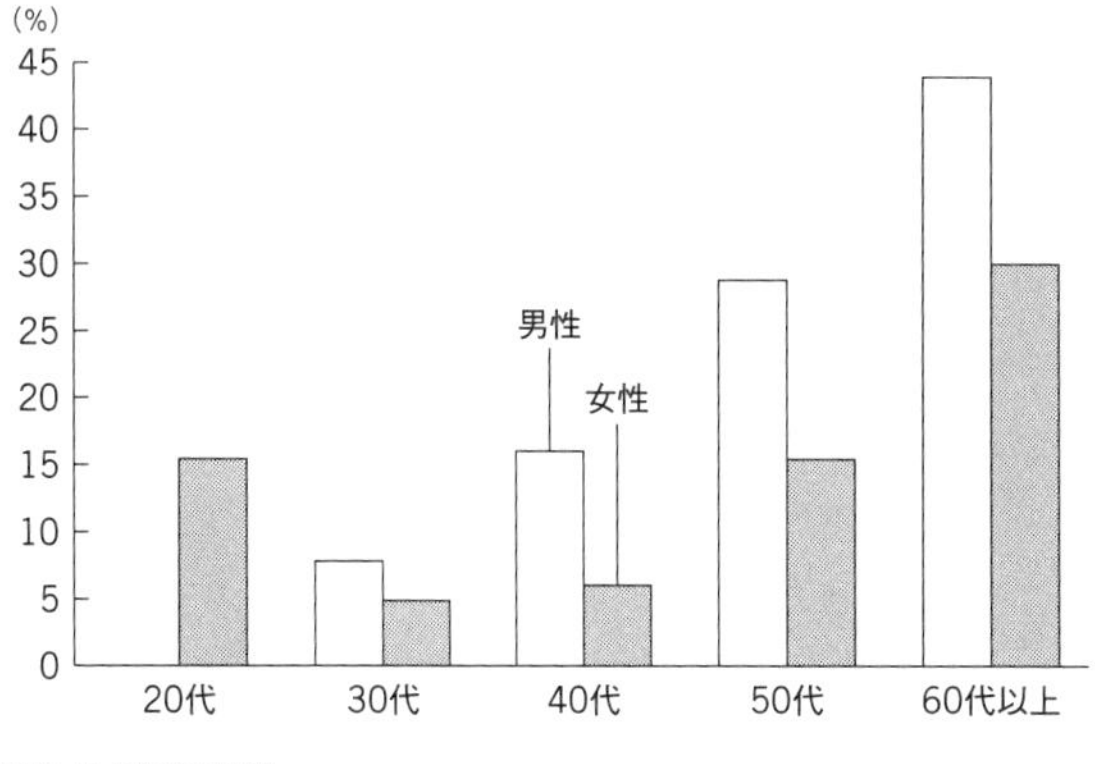

（出所）日本経済新聞社

「心理的負担の増加」も30代以上で女性が男性を上回った。一方、「特にない」は40代以上の男性で多かった。子供を持つことによる負担感が女性に偏っていることが浮き彫りになった。

「そもそも子供を望まない」3割の無子志向集団

「子供を育てることに希望を見いだせない」

続いて、自由記述欄から子供を持たない人の実像を見る。

「日本で子供を育てることに希望を見いだせない」——。

ある20代男性（正社員・既婚）は、子供を持たない理由について自由記述でこう記した。「人口という確実な数値を踏まえ、これから衰退期に入る日本に生まれるのは子供がかわいそう。責任を負いきれない」と続き、「社会に望むことは」という別の質問には「政府や社会

図表1-7 アンケート結果にあふれる悲観的な声

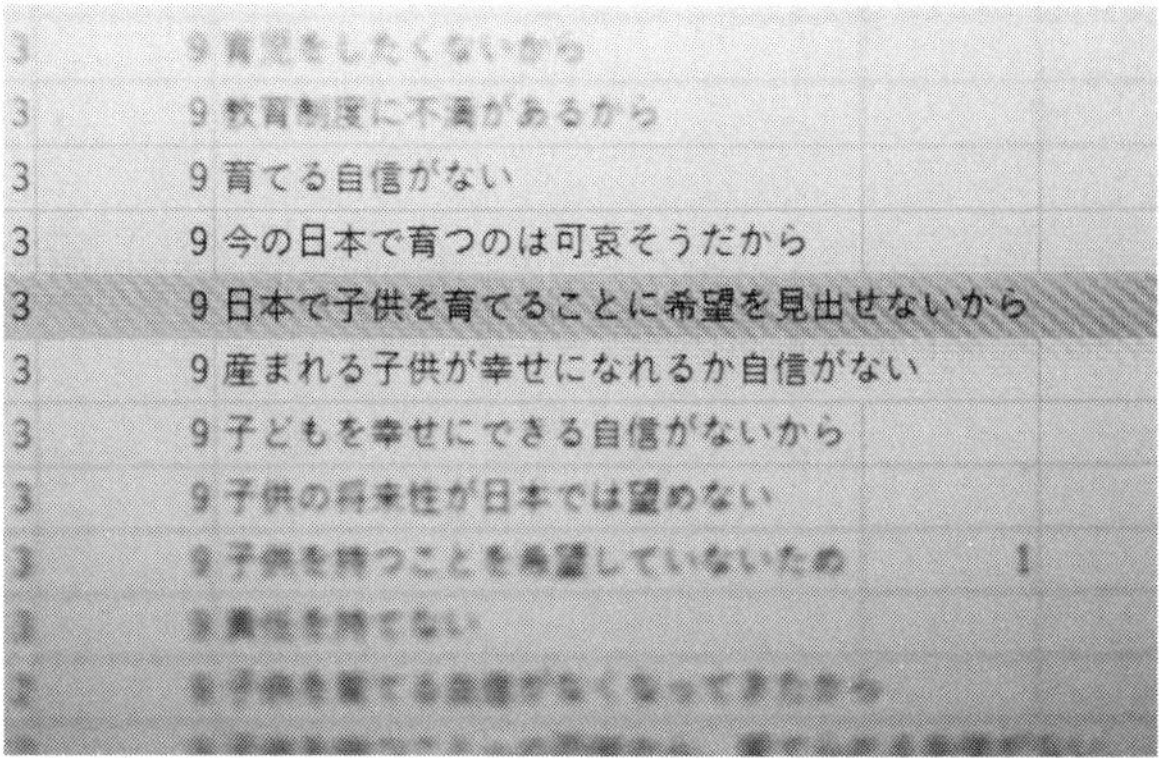
3 9 育てる自信がない
3 9 今の日本で育つのは可哀そうだから
3 9 日本で子供を育てることに希望を見出せないから
3 9 産まれる子供が幸せになれるか自信がない
3 9 子どもを幸せにできる自信がないから

（出所）日本経済新聞社

は変わらない」とだけ記してあった。

将来への悲観、変わらぬ日本への諦め。この男性の回答は、今回の調査の象徴的な回答の1つだった。

子供がいない人の中には、子供を望みながらも持っていない人と、子供を望んでいない人がいる。今回のアンケートでは、子供がいない人のうち3割程度が「子供を望まないし、過去にも望んだことがない」と答えた。

それに関する自由回答は延べ5000超と大量に寄せられた。その中には共通点があるものが多かった。いくつかにグループ分けして紹介する。

子供を望まない理由には類型があった

まず、相当数の回答があったのが、「不安型（子供の将来不安型、経済力不安型、子育て不安型）」「個人の価値観型」「なんとなく型」「育った環境の影響型」。

中くらいの量の回答があったのが「子供はリスク型」「パートナー不在型」「両立懸念型」「不妊型」。

小数だが複数の回答があったのが「チャイルドフリー型」「晩婚型」「ＬＧＢＴ型」であった。明確に区別しにくい内容や複合的な回答も多かった。

これまで少子化対策として、子供を望みながらも持てない人の声は取り上げられてきたが、そもそも子供を望まない人の声というのはあまり注目されてこなかった。

いずれも日本の社会的な構造問題につながり得るもののため、次から詳細に分析する。

(1)「不安型」

自由回答の中で最も多かったのが、子供を持つことへの不安だった。その中でさらにグループ分けすると、「子供の将来不安型」「経済力不安型」「子育て不安型」の3つにわけられる。それぞれ重複する内容も多い（以下、アンケートの回答は基本的に原文ママとした）。

◆「子供の将来不安型」

前項で紹介した男性のように、生まれてくる子供の将来を悲観したり、不安に思ったりする人が相当数いた。人口減少や教育問題、子育て環境など様々な問題が、将来への不安を生じさせている。

- 生きていることが辛い時代なので、同じ思いをするかもしれない人間を産み出したくない。日本は少子高齢社会であり、今後これ以上発展する未来を想像しにくい。その時代に子供を産んで育て社会に出すのは子供に可哀想とも思う。もし産んだとしても、教育格差がある中で子供を育てたくない。（20代女性、パート・アルバイト、大卒、未婚、年収500万〜700万円）
- 子供のことを考えると、かえって暗い気持ちになるから。生活に余裕がないから。不条

理な社会に子供を送り出したくないから。（20代男性、大学院生、未婚）

- 日本の学習機会、いじめ問題に失望したから。国公立に通っても教師の質がバラバラ。私立はお金に教育方針・内容・講師が比例する。いじめや自殺がなくならない。ならば、不幸になる為に生まれる必要は無い。（20代女性、正社員、大卒、年収500万〜700万円）
- 日本の現状として既に生きにくく、今後も少子高齢化等どんどん厳しくなるであろう中で、もし自身が子供の立場となった場合、不幸でしかないと考える。（30代女性、大卒、年収500万〜700万円、未婚）
- 受験戦争が激しい世代だったので、学歴を上げようと頑張ったが、それでも就職難で希望のところに就職できない状況だった。自分の子供が苦労するのを見たくなかった。（40代女性、正社員、大学院卒、年収700万〜900万円）
- 経済的に安定せず、女性の子育てや家事負担が大きいことから、結婚することにも社会に対しも夢も希望もなく、このままの状態で子供を産み育てても、子供にも負担を強いることになりそうだと思ったため。（50代女性、正社員、年収300万〜500万円）

◆「経済力不安型」

もっと直接的に自身の経済力に不安を覚えている人も相当数いた。「お金がない」というシンプルな回答が多かった。実際に低い収入の人だけでなく、ある程度収入があっても経済的な負担に不安を抱えている。

- 子供を養えるほどの収入を得ていない。自分の生活ですら危ういような状況で、結婚した上で子供をもうけたいと思えない。（20代男性、パート・アルバイト、中卒・高卒、年収100万円未満、未婚）
- 塾講師の経験から、都市部に住むなら中学受験が視野に入るのが普通になりつつあることを強く感じているが、実際に子育ての費用について考えると、自分も子供も養うだけの収入を得られるとは思えず、お互い不幸になりそうだから。（20代女性、学生、未婚）
- 家計が苦しいから。（30代男性、正社員、大卒、年収500万～700万円、未婚）
- 自分のことでいっぱいいっぱいなので、自分が育てることに自信が持てません。（30代女性、自営・自由業、専門学校卒、年収300万～500万円、未婚）

- 非正規雇用だと結婚が困難であり、また経済的に子どもが望みにくい。(50代女性、未婚)

◆「子育て不安型」

自分がきちんと子供を育てられるのかという不安も多かった。「親になる資格がない」「人間を育てる自信がない」「子育てできるか自信がない」などで、経済的な面も含みつつ、子供との関わりが少なかったり、周辺で子育てしている人が苦労したりしているのを見て無理だと感じている人もいた。

- 子育てにお金がかかり、経済的に圧迫されるという点が不安。子育てに時間を割かれ、自分のやりたいことができないことが不安。パートナーへの身体的負担が大きいこと。(20代男性、学生、未婚)
- 子育てが大変そうだから。(30代男性、正社員、大卒、年収900万~1200万円、未婚)

- 自分がいい親になれるとは思えない。子育て費用も莫大だが、もし費用が低かったとしても、子供を持とうとは思わない。そこまでの情熱はなく、自分のことで精一杯。昔に比べたら子供を持つ自由があり、いい時代なのだろうけれど、偏見を持つ人もまだたくさんいて、余計なお世話である。また、老後の世話をしてもらうために子供を持つなんて、子供がかわいそうである。(30代女性、自営・自由業、大学院、年収500万〜700万円、未婚)
- 子供に教育できるような知識を持てるかわからなかった。自分自身、子供にどう接してよいかわからない。子供を不幸にしてしまいそうだと感じたから。(40代女性、正社員、短大・高専、年収500万〜700万円、未婚)

(2)「個人の価値観型」

不安型に次いで多かったのは、「興味がない」「ほしいと思ったことがない」「必要を感じない」といった個人の価値観によるものだった。そのうち、半数程度は「子供が好きではない」と明確に記していた。日本の将来や子育てへの不安と混じった回答もあった。

- 子供がそもそも好きでないし、お金がかかりすぎる。また、子育ては大変で、自分の時間も奪われる。（20代男性、学生、未婚）
- 子どもは騒がしく、言うことを聞かず、コントロールがきかない。子どもに対してイライラすることの方が多く、育てられる気がしない。（30代女性、正社員、大卒、年収500万～700万円、未婚）
- 元々子どもは好きではないし、これからの日本を考えるとこれから生まれてくる子どもたちが皆幸せになれるとは思えない社会のため、子どもを産まない選択になった。（40代女性、正社員、短大・高専、既婚）
- 子を持つという「願望」は、多くの場合、特段の理由を考えるようなことではなく、これまでの社会では半ば自明の前提とされてきたのだろうが、私の場合はそのような前提を備えるように社会化されてこなかったし、個別的にも、子供と触れ合って楽しいと感じるような経験もなかった。（40代男性、パート・アルバイト、大学院卒、年収100万～300万、未婚）

(3)「なんとなく型」

特に理由はない、という人も個人の価値観型と同程度に多かった。40代以上が中心で、人生を自然に過ごしていたらなんとなくそうなった、という人が多かった。

- 特に理由はない。居ても居なくても楽しい人生を送る自信がある。(30代女性、正社員、大学院卒、既婚)
- 「ほしいと思ったら考えよう」と思っていたが、ほしいと思うことなく現在に至っている。(40代男性、正社員、専門学校卒、年収700万~900万円、既婚)
- 特別な理由はなく、大学卒業後にフルタイム就職して充実した時間を過ごす中で子供が欲しいと思うタイミングがなかった。結婚や子育てが、女性にとって犠牲を伴うものであるという漠然とした考えとか周囲の様子、私の思う将来像になかった可能性もある。(40代女性、正社員、大卒、年収1500万円以上、未婚)

(4)「育った環境の影響型」

自分が育った家庭環境がよくなかったというような声も相当多くあった。この型は、これまで紹介してきたような不安型や個人の価値観型などよりも、かなり具体的な記述が多かった。中でも多かったのは、「両親が不仲」や「母親が虐げられていた」という内容だ。これらの経験により、強い意志で子供を望んでいない。海外に在住経験がある人で、日本の現状を悲観する声も複数あった。

- 虐待家庭で育ったため、個人的に自分の子供を愛せる自信がなかった。（30代女性、自営・自由業、大卒、年収500万~700万円、既婚）
- 亭主関白な家庭で育ち、周囲親戚もそのような環境のなか、役割分担をして生活する家庭像が思い描けなく、自分が子供を持つことで自分個人として生きることはできなくなると考えているため。また、将来自分が生きるためのお金に不安を感じているため。（20代女性、正社員、大卒、年収100万~300万円、未婚）
- 父親が古い体質の人間で、父の言う事が絶対という雰囲気があった。また、男尊女卑の雰囲気もあり、専業主婦の母が肩身の狭い思いをしており、幼少期より結婚願望が無かった。家庭を築きたいという願望も無く、一生趣味を一人で楽しみたいと思っている。（30代女性、正社員、大卒、年収500万~700万円、未婚）

●幸せな家族ではなかったので自分の子供に愛情を注げるかわからなかったから。（40代男性、大卒、未婚）

●自分の母親が「社会に出て認められたかったのに、専業主婦になっている」という気持ちのある人で、子育てで母は自分を犠牲にしていると感じているのかな？と幼いころから思ってしまっていたことが大きいように思います。なんとなく「子育てすると自分が犠牲になる」ということをずっと感じながら生きてきました。（50代女性、正社員、短大・高専卒、300万~500万円、既婚）

●子供の時、両親の仲が悪く、子供でしたので、傷ついていたのだと思う。結婚したくないと思いました。自立していれば、一人で生きていくことができるので、その思いが強く、仕事優先になりました。（60代女性、契約・派遣、大卒、未婚）

●海外で生活していた時期があるため、私には男性が家事や育児をすることは当然だという感覚がある。しかし、育児中の日本人の同僚の様子を見ていると、日本では女性の結婚や子育てに関する負担が大き過ぎて、彼女たちは奴隷のような生活を送っていると感じるため。(30代女性、大卒、年収700万~900万円、未婚)

(5)「子供はリスク型」

子供を持つと自らの時間やお金が奪われるなど、リスクが大きいと感じている人たちがいた。「不安型」と近いが、子供を持つことをよりネガティブに捉えている。

- 子どもは人生のお荷物という負のイメージ。自分のことだけでもう今いっぱいいっぱい。(20代女性、大卒、年収700万~900万円、未婚)
- 子育てには時間もお金もかかるのに、なぜ人々は子どもを望むのかよくわからない。(20代男性、学生)
- どれだけ努力しても、きちんとした子供に育つか分からず、リスクが大きいから。(30代男性、正社員、大卒、年収700万~900万円、未婚)

- 子供がいると20年保証はしんどい。気楽が一番。（40代男性、契約・派遣、大卒、年収100万〜300万円、未婚）

(6)「パートナー不在型」

パートナーがいない、結婚していないからという声もあった。相手がいないから子供を持てないというより、相手がいないと子供を持ちたいという気持ちに至らないというパターンだ。そのことを前向きに捉える回答もあった。

- 良いご縁があれば、結婚し子どもを持つことも考えると思うが、学生を卒業してから10年近く交際相手のいない状態で過ごしていて、これから誰かと交際するという想像もしづらく、結婚したいという願望も薄れてきた。30歳になるまでは交際相手のいないことに多少の焦りもあったが、30歳を過ぎたら何かが吹っ切れた感じで、ひとりでの気ままな生活を送り続けたほうが楽しいのではと思い始めた。（30代女性、自営・自由業、大学院卒、年収100万〜300万円、未婚）

(7)「両立懸念型」

仕事との両立に難しさを感じて、子供を望まない人たちもいた。ほぼすべて女性だった。

- 出産、その後の育児で少なくとも5年くらいは仕事にフルコミットできなくなるため。女性だけが出産の役割を担い、キャリアにブランクをあけることに納得していないため。（20代女性、正社員、大卒、年収500万～700万円、未婚）
- 結婚を考えているパートナーは全く家事ができないため、結婚し、共働きで子育てするとなった場合は家事負担が全て私にくるから。家事子育てを理由に仕事を諦めたくないから。（20代女性、正社員、大卒、年収300万～500万円、未婚）
- 現実、女性がキャリアを捨てずに働くことが不可能。（40代女性、正社員、大卒、年収900万～1200万円、既婚）
- 私が20～30歳代の頃は、女性が仕事をするには、男性＋αの実績を作らないと同等とみられなかった。時間外に対応する保育所は極めて少なく、特別に恵まれた環境がない場合、子育てに寛容な仕事やポジションに移らない限り、両立はできなかった。また、当時は、子どもは夫婦の子どもというより、婚家の子の意味が強く、夫婦が夫婦自身の人生を設計しようとすると、さまざまな葛藤や戦いがあり、自分らしく生きたいと考えたときに、子をもつ選択肢はなかった。60を過ぎた今までに、子どもがいたらよかったと思ったことはない。経済的には余裕があり、早めに仕事を退き、したいことをしている。（60代女性、学生、既婚）

(8)「不妊型」

自身やパートナーの健康上の理由により、子供を望まないという人も多くいた。不妊治療の費用面での断念もあった。

- 結婚当時の経済状態だと出産・育児は難しいと思った。あえて避妊していたわけではないが、自然妊娠もしなかった。人工授精も考えたが、費用的にさらに難しかった。いろいろな公的補助があればまた状況は変わっていたと思う。（50代男性、自営・自由業、大卒、年収３００万～５００万円、既婚）

(9)「チャイルドフリー型」

両立懸念型や不妊型よりやや少ないが、子供を持たない人生を積極的に選び、夫婦の時間や趣味を優先させる「チャイルドフリー型」もいた。ただ、かなり少数の意見だった。

- 2人で過ごす時間を最優先したかったため。（40代男性、正社員、大卒、年収900万〜1200万円、既婚）
- 趣味や友人にも恵まれたから。（60代女性、既婚）

(10)「晩婚型」

結婚が遅かったことを理由とする「晩婚型」も少数だがいた。すでに示した「個人の価値観型」や「なんとなく型」「両立懸念型」などにも、結果的に晩婚となり子供を持たなかった人もいると思われるため、実際にはさらに大きい集団である可能性がある。

- 結婚したのが遅く、年齢的に無理だったたし子供も好きではないから。（50代女性、主

婦、短大・高専卒、既婚）

- 結婚した年齢が30代後半であったことと夫婦2人での生活を充実させたいと思っていたため、子どもを欲しいとは感じなかった。（50代男性、正社員、大卒、年収500万～700万円、既婚）

(11)「LGBT型」

少数だが、「同性愛者だから」という回答も複数あった。LGBTを自認する人々は、日本国内で人口の1割近くいるという調査もある。同性カップルが子供を持つハードルは高く、かなりの確率で無子になる大きな集団ともいえる。

- ゲイだから子どもができないことはやむを得ないと考えている。（30代男性、正社員、大卒、年収1500万円以上、未婚）

教育費や時間貧困……子供を持つことの不安におびえる人々

G7で最も少ない余暇時間

これらの自由記述から、子供を望まない人たちのどのような実像が見えるだろうか。子供を持たない生き方を選ぶことで自分の人生をより豊かなものにしたいというような積極的な人は少数であるようだ。むしろそこにあるのは「不安」におびえる人々の姿だった。

人口が減り、国力が弱まる日本への悲観。そこに生まれてくる子供の将来への不安。子供を十分に支えられない自身の経済力への不安。子供を持てば、自分の時間やお金がなくなるのではないかという不安。仕事を満足する形で続けられないのではないかという不安。つきることのない不安が、子供を持つ意欲を低下させている。

そしてその不安は根拠のないものではない。ＯＥＣＤの調査によると、日本の高等教育費のうち学生の家計が負担している割合は52％で、ＯＥＣＤ平均（22％）の2倍超にあたる。

大学が無償の北欧諸国などと異なり、日本では「子供の教育費は親が払う」という観念が強く、その負担は大きい。

家計を増やそうと共働きをしても、長時間労働がはびこる日本では「時間貧困」に陥るリスクがある。OECDのデータベースで①有償労働（仕事や学校、通勤通学）②無償労働（家事や子どものケア）③個人のケア（睡眠や食事、休息）④余暇（遊びやスポーツ）――を比較すると、日本は主要7カ国（G7）のうち有償労働が最も長い一方、子供や個人のケア、余暇に充てる時間は最も少なかった。

「家庭」が必ずしも幸せな場所ではない

さらに自身が育った家庭環境の悪さが心を冷やしている。相当数の回答を見ると、そこには「たまたまその個人の家がそうであった」というだけではなく、共通する社会課題があるようにみえる。

例えば、女性が家庭の外で働いて十分な賃金を稼ぎにくい構造、それに伴って女性の経済力がないために男性より家庭内で低い地位に置かれる状況、子供を抱えながら離婚すれば貧困に陥る可能性が高まる現状などだ。

女性が多数を占める日本のひとり親の就労率は8割にのぼり、OECDのデータに登録されている国では上位にくる。しかし、働いているひとり親の貧困率は5割を超え、世界で突出して高い値だ。つまり「働いても貧困」という苦しい状況にある。

元夫から子供の養育費を受け取っている母親は4人に1人程度しかいない。子供のケアに充てられる時間も少ない。貧困を恐れ、不仲でも家庭にとどまるという選択をする女性は少なくない。シングルマザーを支援する団体の職員に取材したところ「経済的に男性と同じだけ稼げるならもっと離婚は増えるだろう」と話す。

「当人任せ」の不妊治療

不妊治療についても、日本では問題を長らく「当人任せ」にした状況が続いてきた。日本は年間7万人近い子が体外受精で生まれる世界有数の不妊治療大国だが、保険適用になったのはつい最近、2022年だ。少子化が問題視されているのに、ほしくてもできない人への支援が長らく見過ごされてきた。

保険適用前には、１回数十万円もの費用がかかる「体外受精」などの治療を基本的に個人が負担してきた。何度繰り返しても妊娠出産に至らない女性も多く、数百万円もつぎ込むケースも少なくなかった。金銭的な問題から、不妊治療を諦める人も多くいた。

高度な不妊治療を経験したことのある女性は取材に対し「一回の治療で、検査から採卵、凍結、着床までのながれで60万円以上かかった。それでも結果が出なければ何も残らない。失敗をするたびに、次はどうするか、もう一度チャレンジするか、お金か子供かという選択を迫られているように感じた」と話す。

現在は保険適用となったが、会社の理解がなければ、仕事との両立も難しく、不妊治療のために仕事を辞める人もなお多い。厚生労働省の調査によると、不妊治療をした人の中で「仕事と両立できない」（仕事を辞めた、不妊治療を辞めた、雇用形態を変えた、の合計）とする人は３人に１人以上にのぼる。

ＬＧＢＴの人々が子供を持つには高い壁

ＬＧＢＴについては、世界では36カ国・地域が同性婚を認めており、同性カップルが養子を迎えることを認めている国も多い。ただ、体外受精は結婚しているカップルのみに許可されているなど、子供を持つハードルは必ずしも低くない。

日本ではそもそも同性婚が認められていない。メディアに登場してくれるLGBTの方々もいるが、取材で出会った多くの人たちは、人に打ち明けることなく、ひっそりと息を潜めて暮らしていた。各種のアンケート調査でも多くの人が家族や職場にカミングアウトしていないという結果が出ている。

レズビアンカップルが知人男性やゲイカップルから精子を提供してもらい妊娠し、育てるケースも出てきている。ただ、日本では2人の母親が認められていないなどの問題があり、社会的には水面下の動きにとどまっている。

レズビアンカップルで子供を育てる女性に取材し「子供が差別にあう心配はないか」と尋ねたことがある。それに対し女性は「心配はあるが、問題なのは差別をする社会の方」と答えてくれた。周囲の意識改革も必要になる。

20代の4人に1人しか、子供を強く望んでいない

子供を持つことにまつわる不安や苦しみは、世代を超え静かに伝播しているようだ。子供の有無にかかわらない全員への質問で、「子供がいた方がいいと思いますか」に「とてもそう思う」と答えた割合は、70代以上では67％だが、若くなるにつれ減少し、20代では25％にすぎない。

同様に、「結婚した方がいいと思いますか」に「とてもそう思う」と答えた割合は、70代以上では60％だが、20代では22％にすぎない。

性別で見ると、「子供がいた方がいいと思いますか」に「とてもそう思う」と答えた男性は50・1％、女性は24・4％だった。「結婚した方がいいと思いますか」に「とてもそう思う」と答えた男性が42・6％、女性は18・5％だった。

日経新聞の読者では、年が若いほど子供や結婚を望んでいない。女性より、男性の方が子供や結婚を望んでいる。

図表1-8　生涯独身でいいと考える人が急増
（18〜34歳の未婚者）

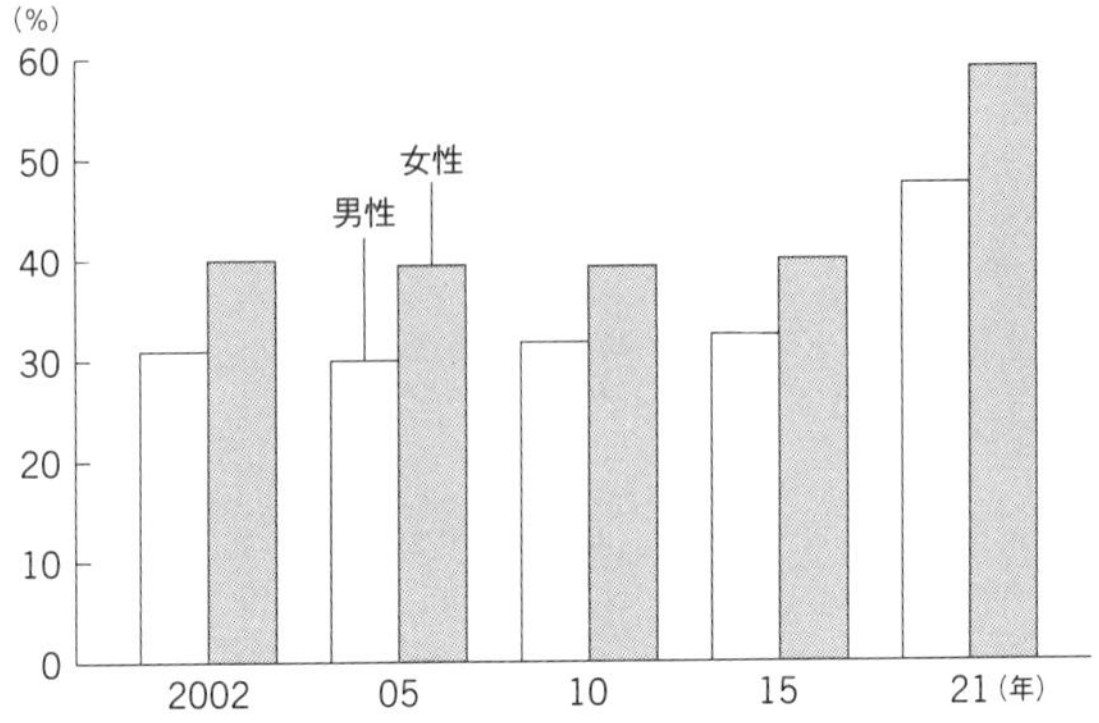

（注）出生動向基本調査で「生涯独身はよくない」を支持しない割合
（出所）日本経済新聞社

これは日本で結婚や子育てに関する最も重要な調査である国立社会保障・人口問題研究所の出生動向基本調査の結果とも整合的だ。２０２１年の同調査では若い未婚者の中で、生涯独身でいい、と考える人が急増した。ロート製薬が２０２４年に発表した調査でも30歳未満の未婚男女の半数以上が「現在子どもを欲しいと思っていないし、将来も欲しいとは思わない」と答えた。若い世代で急速に意識の変化が進んでいる。

子供を持ちにくい社会構造

ある男性の結婚を阻む780万円もの奨学金

この章の冒頭では、2人の女性のエピソードを紹介した。子供を持つことにまつわる2人の若い男性の取材エピソードも紹介したい。

一人は、結婚や子供を望んでいても奨学金が壁となっている男性だ。

兵庫県在住の30代男性Bさんは、「奨学金を理由に結婚を断られたことがあって」と明かす。母子家庭で育ち、奨学金を受け取りながらパソコンの専門学校を卒業した。コンタクトレンズ販売会社で働くうち、視能訓練士の存在を知り、医療系の専門学校へ入り直した。

3年間の学費は500万円ほど。生活費などを含めて卒業時に必要な返済は780万円に達した。資格を取得して病院に就職したが、初めは非正規雇用だった。交際相手に「誠意をみせたくて」正社員試験を突破し、結婚の挨拶に行ったが、返済を抱えていたため、親に反対された。

取材した2023年での手取りは月22万円ほど。休日には副業もしている。返済しなければならない残額は460万円ほどまで減った。45歳になったころには返し終わる計画だ。

気持ちを切り替えて婚活もしている。奨学金返済があるのは隠していないが、「額を伝えると、ごめんなさいとなることもある。最初から対等でない気がして引け目を感じてしまう」という。

最近は孤独を強く意識する。「結婚はしたいし、子供もほしい……」。奨学金をすべて給付型にするのは無理だと思うが、「学業を頑張った人にはもう少し負担を軽くしてもらえるといいな」と望んでいる。

日本学生支援機構の調べでは、専門学校生は3割超、大学生で5割近くが何らかの形で奨学金を受給している。労働者福祉中央協議会のアンケート結果では、奨学金返済が「結婚」「出産」「子育て」に影響していると答えた人の割合はいずれも3割を超えていた。

「時間貧困」に苦しんだ働き盛りの男性

もう一人は、子供を持ったが、時間のやりくりに苦労し「時間貧困」ともいえる状況に陥った男性だ。

30代の男性Cさんは、数年前、育児と仕事の板挟みで苦しんだ。当時、小さな会社に勤めていた。激務だった上、上司は家庭参加への理解に乏しかった。自分に対する仕事の依頼が増えていた時期でもあった。代替要員はいない。家に帰れば妻が0歳と2歳の子どもを抱えボロボロになっている。できる限り育児をしたが、仕事との両立で精一杯。「自分の時間」が夫婦ともなくなり、次第に「生きている感覚を失った」。

Cさんは２０２１年に起業した。仕事時間をコントロールできるようになった一方、新たな時間との闘いも生じた。時間を費やすほどクライアントは増える。資金がつきる前に事業を軌道に乗せなくてはいけない。プレッシャーは大きい。

「でも仕事の成功より家族との時間を大切にしたい」。時間貧困の解決には「仕事の量やスピードがすべてといった右肩上がりの時代の発想を社会全体で変える必要がある」と感じている。今の苦しい状況を若い人たちが見ていれば「子供をほしくなくなるのは当然」と思うからだという。

子供を持つ人が減り、人口も減っていく

無子率の上昇に対し、「#生涯子供なし」のハッシュタグと共にSNS上で声を上げた多くは女性だった。仕事か子育てかの二者択一の状況で、働く女性にとっては産みたくても産めない時代が長く続いた。

子供がいない理由には性差があった。女性は仕事の中断に不安を覚え、男性は経済的な面での不安を強く抱えていた。その背景には、男性が主に稼ぎ、女性は家で家事・育児をするという根強い役割分業の意識がある。

そもそも子供を望まない人たちの声には、日本社会が抱える構造問題が多く潜んでいた。子供の将来への不安、経済的な不安、不妊治療、育った環境などだ。それらの不安は世代を超えて伝播し、若者の子供を持つ意欲を低下させているようだった。

人々の声から考えると近年の日本の無子化の進展は、明るく前向きなライフスタイルの多

様化であるとはいえなさそうだ。

日本では子供を持つ人が減り、人口も減っている。次章では少子化について考えたい。

第2章

「無子化」と「少子化」を考える

無子化＝少子化とは言い切れない

日本ではほぼ同じ流れだが……

ここまで、日本で子供を持たない人が増えていることについて考察してきた。これを日本の「無子化」と呼んでみることにしよう。

読者の中には、なんとなく無子化というのは少子化や人口減少と同じ問題なのではないかと感じている方も多いだろう。

子供を産まない人が増えれば、子供が減り、人口は減っていく。だから無子化とは少子化・人口減少のことなのだ――という理解は、日本においてはほぼ正しい。だが、世界を見てみると一概に無子化＝少子化・人口減少ではない。

この章では無子化と少子化の関係について述べた後、少子化の歴史や政策について検証する。少子化に興味のない読者は本章を読み飛ばしてもらってかまわない。

無子化＝少子化・人口減少ではないというのは、どういうことなのか。ここから少し頭の体操をしてみよう。子供の増減について把握するために、無子率と出生率という2つの数字を使う。

まず、無子率というのは、子供を産まない人が集団の中にどのくらいの割合でいるかを示す。無子率が高い＝子供を産まない人が多い、無子率が低い＝子供を生む人が多い、ということだ。

次に、出生率というのはよく耳にする数字だと思う。一年に1回、国がその年の出生率を発表し、ニュースでも大きく報道される。出生率の中にも、「期間合計特殊出生率」や「コーホート合計特殊出生率」などいくつか種類がある。

ニュースで最も多く使われるのは期間合計特殊出生率だ。この意味について正確に理解することは難しいが、大まかなイメージとして「女性が一生の間に産む子供の数」と考えられている。出生率が高い＝社会にたくさんの子供が生まれている、出生率が低い＝社会に生まれてくる子供が少ない、ということになる。

ポイントは、出生率は全体をならしたものということだ。つまり無子の女性がいても、複数の子供を産む女性がいれば相殺される。

「無子率×出生率」の組み合わせ4パターン

無子率と出生率には、①無子率は高く、出生率は低い②無子率も出生率も高い③無子率は低く、出生率は高い④無子率も出生率も低い——の組み合わせが考えられる。それぞれの社会をわかりやすくイメージするため、ごく単純化すると次のようになる。

パターン① 無子率は高く、出生率は低い社会

子供を持たない人が多く、1人の女性が産む子供の数も少ない社会である。10人の女性がいたら、3人が子供を持たず、7人は子供を1人産むようなイメージだ。すると10人の女性から（パートナーの男性も合わせると20人から）、7人の子供しか生まれないので、社会の人口は減っていく。

パターン② 無子率も出生率も高い社会

子供を持たない人が多いが、1人の女性が産む子供の数は多い社会である。10人の女性がいたら、3人が子供を持たないが、7人は子供を2~3人産むようなイメージだ。すると10人の女性から（パートナーの男性も合わせると20人から）、14~21人の子供が生まれてくる。子供を産む人と産まない人が二極化した社会だ。

パターン③ 無子率は低く、出生率は高い社会

子供を持たない人は少なく、1人の女性が産む子供の数は多い社会である。10人の女性がいたら、1人は子供を持たないが、9人は子供を2~3人産むようなイメージだ。すると、10人の女性から（パートナーの男性も合わせると20人から）、18~27人の子供が生まれてくる。社会の人口は増えていきやすい。

パターン④ 無子率も出生率も低い社会

子供を持たない人は少ないが、1人の女性が産む子供の数も少ない社会である。10人の女性がいたら、1人は子供を持たず、9人は子供を1人産むようなイメージだ。すると、10人の女性から（パートナーの男性も合わせると20人から）、9人の子供しか生まれない。多くの女性が子供を産んでも、その数が少ないので社会の人口は減る。

一概に無子化＝少子化・人口減少とはいえないことがイメージできただろうか。

世界の国々を4パターンに分類してみよう

それでは実際の世界の国々は4つのパターンのどれに当てはまるのだろうか。どの年代の女性の無子率や出生率を見るかで状況が変わるが、大まかな傾向を示してみる。欧州で2017年に各国の研究者らによってまとめられたレポート「*Childlessness in Europe: Contexts, Causes, and Consequences*」などを参考にした。

まずパターン①「無子率は高く、出生率は低い国」にあたるのは日本だ。近いのがドイツ、スイス、オーストリアのドイツ語圏の国々だ。日本と同様に女性が家庭で子育てするべきと言った伝統的な家族観が強く、これまで少子化が進んできた。

パターン②「無子率も出生率も高い国」にあたるのは英国やフィンランドだ。子供のいない人が多い一方で、4人以上の子供を持つ人も多い。子供を産む人と産まない人が二極化した社会だ。個人の選択が尊重される社会といえるかもしれない。

パターン③「無子率は低く、出生率は高い国」にあたるのはフランスやスウェーデンだ。欧州の中でもフランスは政府による子育て支援が手厚いし、スウェーデンでは男女平等の意識が強く仕事と育児の両立が進んでいる。子供を産まない人はあまり存在せず、1人が産む数も多い。

パターン④「無子率も出生率も低い国」にあたるのはロシアや、ルーマニアなど東欧の国々だ。子供を産まないことへの社会からの風当たりが強く、1人は産むが数は多くないという研究がある。ただ東欧でも、近年無子率は上昇傾向にある。

かつては少子化の問題と無子率の高さは関係があるとみられていたが、近年はその関係は弱まっているとされる。つまり、様々な社会で、程度の違いはあれども、子供を持たない人が増えてきている。

ただ、その勢いには差がある。英国やドイツのほか、米国も近年は無子率の増加の勢いは弱まっている。それに対し日本は、1965年から1970年にかけて無子率が急上昇している。これは英米では、本人が望めば少なくとも1人は子供を産める社会に移行してきているのに対し、日本はそうではないという見方もできる。国別の状況について、海外の論文などを参考にもう少し紹介しておこう。

(1) ドイツ

もともとドイツは男性が稼ぎ、女性が家で子育てをするという価値観が強い国だが、国が東西に分かれてからは旧西ドイツと旧東ドイツで傾向が異なっていた。

1950～1960年代前半生まれの女性では、生涯子供を持たない女性の率は、西ドイツは10%から20%前後に増加したが、東ドイツは10%前後で安定していた。

旧西ドイツでは高学歴女性は低学歴女性よりもはるかに子供のいない傾向が強かった。旧東ドイツでは、女性の教育水準によって子供のいない割合の差はわずかだった。ただ、最近の若い女性では教育格差は縮小しているという。(Michaela Kreyenfeld and Dirk Konietzka)

(2) 英国

英国は、出生率は高く、子供がいない率も高い。出産の二極化があり、高学歴女性の無子化を、教育水準が最も低い母親の3、4人目の出産が相殺している。子供がいない人の学歴格差は、女性より男性の方がはるかに小さい。無子の人が多い背景には、高学歴女性における出産年齢の上昇などがあるとみられている。

ただ、1980年代生まれの女性集団では、子供のいない状態がもはや増加していない可能性がある。

「子供を持たない」という明確な意思を持つ人は少なく、30代になっても子供がいない人を含め、子供がいないままでいいという人はほとんどいない。(Ann Berrington)

(3) フランス

フランスは出生率が高く、子供がいない女性の割合はかなり低い。フランスは19世紀にも急速な少子化を経験したことから、出産促進的な家族政策を長く進めてきた。

フランスでは「子供は国家の未来」であり、国家は子供たちの幸福、健康、教育に責任があると考えられ、政府が家族に大きく関与する。それには家庭と教育に対するカトリック教会の影響力を弱め、子供たちを忠実な共和国市民として育てるためという歴史的背景があるという。

児童手当や保育サービスなどが手厚い。高学歴の女性は低学歴の女性より子供がいない可能性が高いが、最近は学歴による差は小さくなりつつある。

(Katja Köppen, Magali Mazuy, and Laurent Toulemon)

(4) フィンランド

フィンランドは産業革命以前から男女ともに子供のいない人が欧州の中でも多い国だった。近代で見ても、出生率は他の欧州の国より高いが、子供のいない人口の割合は高い。かつ近年は急速に上昇している。

つまり、フィンランドでは三人以上産む人と、全く子供を持たない人に分かれるという出生率の二極化が起きている。子供を持たない人は、男女とも学歴の低い階層で増加している。

フィンランドでは自発的に子供を持ちたくないと考える人は少ない。4～5％程度だと推測されている。（Anna Rotkirch and Anneli Miettinen）

紀元前から存在する少子化対策

ローマ帝国では独身税

少子化の視点に立つと、為政者が国民に人口増加を促してきた歴史は長い。

『人口思想と人口政策』（吉田忠雄）はその歴史を古代から紹介している。

古代ギリシャ時代、数多くの戦争をしていたスパルタでは結婚は義務だった。独身者は罰せられた。個人の好き嫌いによる結婚ではなく、健康な子供をつくり国家に奉仕するための結婚だった。男児3～4人をもった父親には褒賞が与えられた。それにもかかわらず、スパルタではあまり多くの子供は生まれなかったという。

世界征服を試みたローマ帝国でもまた、子供を得ることは全市民の義務だった。しかし上層階級では子供をたくさん産むことは少なかった。長期の独身生活者には特別税が課された。それでもローマの人口は、紀元前164年以降減少し始めた。

そこでローマはてこ入れを図る。未婚で子供のいない24歳以上の女性が宝石をまとうことを禁じた。大家族の親には賞金を与えた。結婚と出産を奨励する立法案を元老院に提出して賛成されたが、民衆の反対で一度は断念した。

その後、立法に成功した。男子は25歳、女子は20歳で子供を持たねばならない。独身者には相続権を認めない、といった内容だった。

近世でも英国で、1695年に独身税が設けられた。フランスでも1666年、20歳以前に結婚した人に対し、25歳まで税金を免除する法律ができた。10人以上の子供を持つ人は生涯免税された。ドイツやオーストリア、スペインなどでも同様の動きがあった。

ナポレオンやヒトラーも人口に関心

その後、人口爆発への懸念から人口政策は沈静化するが、1920年代から再び、人口増加奨励策が始まる。背景にあったのは戦争への危機感だ。

イタリアでは1926年、産児調整が禁止された。続いて、独身税が新設された。ナチス政権が発足したドイツでは、1941年に避妊器具の販売禁止や、独身税の導入などが行われた（以上、『人口思想と人口政策』の内容を要約して紹介）。

為政者の言葉も残る。

ナポレオンは、一番愛する女性が誰かと聞かれて「一番多く子を産む女」と答えたと伝えられている。

ヒトラーは米国と対抗するため人口増加を増やす必要があると感じており「出生率の低下、それがすべての根にある……われわれを救うのは哺乳瓶だ」と話したという。

国家にとって特に、戦争期においては人口数が国家の行方を左右することがある。それゆえに国は前のめりになり国民に子供を産ませようとする。しかし、その多くは成果を伴わないようだ。時には行き過ぎた人口政策が悲惨な事態を招くこともある。

有名なのはチェウシェスク独裁政権下のルーマニアの事例だろう。ルーマニアではチェウシェスク独裁政権のもとで、1966年に避妊具の販売や中絶が禁止された。経済発展のために人口を増やす狙いだったが、現実には1980年代に経済が悪化し、育てられなくなった子供たちは遺棄された。劣悪な孤児院に収容される子供やストリートチルドレンが急増した。

2022年からウクライナ侵攻を始めたロシアでも、中絶規制の強化が進んでいると報じられている。プーチン大統領も「10人以上の子供を育てる母親は英雄」として多産を奨励する方針を示したという。

日本もかつて「産めよ育てよ国のため」

日本でも露骨な人口増加の旗が振られたことがある。『家族計画への道』（荻野美穂）などを参考に紹介する。

まず、日本が十五年戦争（1931～1945年）にのめり込んでいたころだ。政府は1941年には人口政策確立要綱を閣議決定する。そこには「我国人口の急激にして且つ永続的なる発展増殖と其の資質の飛躍的なる向上を図る」とあり、10年間で結婚年齢を3年早め、夫婦の平均子供数を5人にするという目標を掲げた。

1940年には厚生省が国立の優生結婚相談所を開設。その初代所長となった陸軍医少将は「結婚十訓」を発表した。

1、一生の伴侶として信頼できる人を選べ
2、心身共に健康な人を選べ
3、お互いに健康証明書を交換せよ
4、悪い遺伝の無い人を選べ
5、近親結婚は成るべく避けよ
6、成るべく早く結婚せよ
7、迷信や因襲に捉はれるな

8、父母長上の意見を尊重せよ
9、式は簡素に届は当日
10、生めよ育てよ国の為

この「生めよ育てよ国の為」というフレーズは今もなお有名で耳にしたことがある人も多いだろう。

またこの時期、地方では子供ができない既婚女性を地域の組合や隣組が、調査したり、病院で検査を受けさせたりといった動きがあったようだ。

厚生省はそのほかにも、多子世帯の表彰等も実施したが、これらの旗振りが実際にどれくらい人口増に寄与したかは不明だという。

戦後は一転「人口抑制」へ向かった

ところが戦後は状況が一転する。海外からの引き揚げやベビーブームによって国内は混乱し、国は人口過剰への懸念を強めていく。

1949年には衆議院で「人口問題に関する決議」が採択される。そこでは「現下我が國の人口は著しく過剰である。この為に國民の生活水準の向上は容易に望まれない……」とし、避妊による家族計画や、日本人を海外に送る移民政策を検討するようになる。

そのような問題意識のもとで、1948年に成立したのが優生保護法（当時）だ。「優生上の見地から不良な子孫の出生を防止するとともに、母性の生命健康を保護することを目的」に掲げ、人工妊娠中絶が認められた。

母体を守るという目的もあったが、優生思想の犠牲となったのが障害のある人々だった。2023年に国会がまとめた報告書によると、約2万5000人が強制不妊手術を受けた。6割超で本人の同意がなかった。最年少は9歳の男女だという。国家による人口政策がこの上ない悲劇を生み出した歴史である。

ベビーブームの後は、子供を多数産む人は減り、徐々に出生率は下がってきていた。その後、政府が目指したのは人口が増えもしない減りもしない「静止人口」だった。

1974年には人口問題審議会が「日本人口の動向―静止人口をめざして―」を公表した。同年に開いた「第1回日本人口会議」では、「子供は2人までという国民的合意を得るよう努力すべき」と報告している。

子供をもっともっと産んでほしいと国がうったえる現在では考えられないことだ。

COLUMN 1

江戸時代にも子ども手当!?

少し寄り道になるが、江戸時代の人口政策の話を紹介したい。

江戸初期、人口は急速に増えていた。諸説あるものの1600年ごろの人口は全国で1200万~1800万人程度だった。これが1700年ごろには約3000万人に達したとみられている。

戦国時代が終わり、田畑の開墾が進み、家庭を持つことが難しかった次男以下の結婚も増えたためだ。

しかし、その後は人口が停滞する。寒冷化が進んだことや、度重なる飢饉《ききん》により、東北や北関東の農村部などで人口が減った。

江戸や京都などの都市部では、生まれる人が少なく、死亡する人が多い「都市蟻《あり》地獄

図表2-1 江戸後期は人口が停滞した

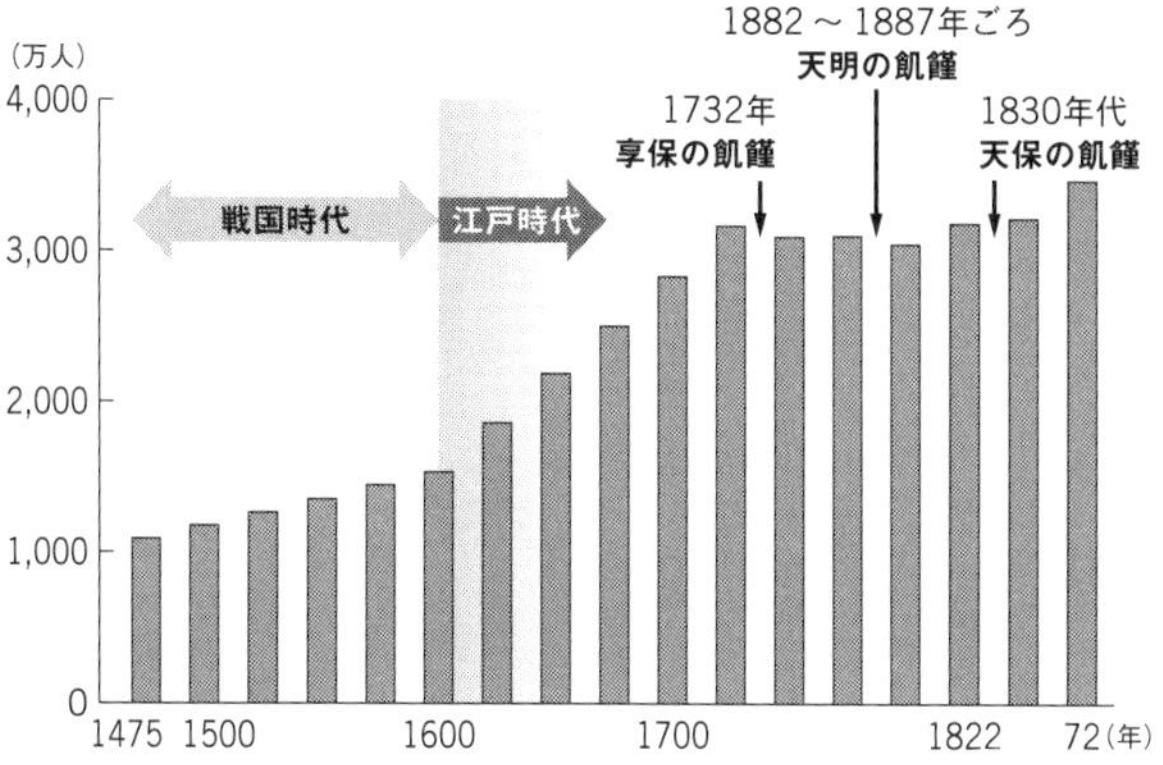

(注)推計値や幕府調査を基に鬼頭宏氏がまとめたデータより作成
(出所)日本経済新聞社

説」と呼ばれる現象もあった。未婚や晩婚の奉公人が多く、過密により感染症なども流行した。厳しい環境で亡くなる人も多かった時代だが、それだけが人口減の理由ではないとの見方がある。上智大学名誉教授の鬼頭宏氏は取材に対し「根本的には少子化が問題だった」と指摘する。

鬼頭氏によると、1700年を過ぎると各地で出生率が低下した。そのころの日本の出生率は欧州諸国より低かった。

なぜ出生率が下がったのか。「経済成長の限界」と鬼頭氏は話す。人口が停滞し始めた江戸後期は、耕作地が不足してきていた。「成長を土地に依存し、鎖国していた徳川幕府は行き詰まった」と鬼頭氏はみる。

そうした中、人口減少に悩むお上が打ち出したのが「子ども手当」だった。「赤子養育仕法」という施策に基づき、子ども手当を支給する藩が15以上あった。立正大学教授の髙橋美由紀氏は取材に対し「年貢を納める農民の減少に、領主は危機感を持っていた」と話す。

武士が子ども手当をもらっていた記録も残る。「勤番中、妻1人では行き届きかねる」「子ども3人、かねて難渋」。岡山大学客員研究員の沢山美果子氏による一関藩（今の岩手県）の史料分析からは、藩上層部に手当を申請する武士の姿が生々しく浮かび上がる。

沢山氏は、子ども手当の源流は、第5代将軍・徳川綱吉によって制定された「生類憐《あわれ》みの令」にあると見る。動物保護のイメージが強いが、捨て子の禁止なども命じている。沢山氏は取材に対し「捨て子や間引きをやめて子供を育てよと、幕府や藩が出産や育児に介入する動きがここから始まった」という。

> 「少ない子どもを一定の生活水準で育てよう」という考えが出てきていたとの説も、近年の研究では強まっている。
>
> 例えば「養生訓」で知られる貝原益軒の弟子の医師、香月牛山が1703年に著した「小児《しょうに》必用《ひつよう》養育《そだて》草《ぐさ》」には、毎年子どもを産むのは控えようと啓発する記述がある。母子の健康を守れるからだ。家が貧しい人はなおさらだとも記している。
>
> 「人口を増やしたいお上と、負担感から子どもの数を抑えたい庶民」という構図は昔からあったのだ。

人口政策と人権

転換点となったカイロ会議

現代に近づくにつれ、国家による人口政策と、人権についての問題意識は世界で高まってくる。特に大きな転機になったのが1994年、エジプトのカイロで開かれた国際人口開発会議だ。この会議では、初めて「リプロダクティブ・ヘルス（性と生殖に関する健康）」と「リプロダクティブ・ライツ（性と生殖に関する権利）」という新しい概念が提唱された。

リプロダクティブ・ヘルスは、身体、精神、社会面において健康でいられ、さらに性交渉の頻度を自由に決められる状態を指す。

リプロダクティブ・ライツは、すべてのカップルと個人が、自分の子供の数や出産の間隔を、自由に、かつ責任を持って決め、そうするための情報や手段が与えられるという基本的な権利を指す。

当時の背景として、発展途上国の人口爆発への懸念があった。世界の人口は1950年の25億人から、1990年の53億人まで40年で2倍強に増加していた。食糧不足や地球環境の維持などの観点から、発展途上国の人口を抑制していかなくてはいけないという問題意識があった。

カイロ会議には約180カ国が参加した。そこでは、人口抑制を先進国による押しつけとみる途上国グループと、政府による人口抑制に反対する先進国のフェミニストグループ、出生抑制に反対するローマ教皇庁やイスラム諸国などが混じり合い、大論争の上、リプロダクティブ・ヘルス／ライツという新しい概念を盛り込んだ「行動計画」をまとめ、最終的には全会一致で採択されたという。

この会議に参加した人口学者の阿藤誠氏は、カイロ会議をそれ以前の会議と比べ、「マクロ的（国家の）視点からミクロ的（人々の）視点に変わった。その中心的概念がリプロダクティブ・ヘルス／ライツ」と振り返っている。

それまでは政府が人口抑制の目標を決め、それを達成するための家族計画を作成する、という考えだったが、カイロ会議では、女性の地位向上をまず進めてからその結果として適切な人口に落ち着くだろうという考えに変わった。

日本では「女性は産む機械」？

その後、先進国の関心の中心は人口抑制より自国の人口減少に移っていくが、その局面でもこのリプロダクティブ・ライツの概念は欠かせないものだ。

だが、日本ではこの権利をないものかまたは軽視しているかのような発言が政治家から飛び出すことは珍しくない。

2003年には森喜朗元首相が「子供を一人もつくらない女性が、年を取って税金で面倒みなさいというのはおかしい」という内容の発言をしている。

2007年には当時の柳沢伯夫厚生労働相が少子化の解消策として「産む機械、装置の数は決まっちゃった。あとは一人頭で（たくさん産むように）頑張ってもらうしかない」と発言。女性を「子供を産む機械」とみているかのような内容で批判を浴びた。

2018年には長崎第2区選出の加藤寛治衆議院議員が「新郎新婦には、必ず3人以上の子供を産み育てていただきたい。結婚しなければ、ひとさまの子供の税金で老人ホームに行くことになる」と発言した。

実際に検討された政策でも、出産とお金を引きかえにするような事案がある。

2023年3月の自民党の少子化対策では、自民党少子化対策特別委員長の衛藤晟一《せいいち》参院議員が、結婚や出産を条件に、奨学金の返済を免除する私案を示した。地方に帰って結婚したら奨学金の3分の1、1人目で3分の1、2人目で3分の1といった内容だった。

世界でも同様の発言はある。米国の起業家イーロン・マスク氏は2023年に、「選挙権を親に限定しない限り、民主主義は機能しづらいだろう」という他の人のポストに対し、「The childless have little stake in the future」と投稿。子供がいない人の選挙権を制限した方がいいと示唆し、波紋を呼んだ。

マスク氏自身は9人以上の子供を持つとされ、かねて人口問題に関心が高い。日本に対しては2022年にも「出生率が死亡率を上回るような変化がない限り、日本はいずれ消滅するだろう」と言及している。

これらの発言などの背景には、「子供を持たない人はずるい――」そんな意識があるように見える。実際に子育てには時間も金銭も大きな負担がかかる。次世代社会の担い手となる子供を、社会でどう育てていくかという議論は欠かせないものだ。だが、それと子供を持たない人生を糾弾したり、そうした人の権利を奪ったりすることは別の話である。

国連からの警鐘「人は生産のための道具ではない」

こうした動きに対し、厳しい視線も向けられている。

国連人口基金（UNFPA）は2023年の世界人口白書で、近年、出生率を政策で操作しようとする国が増えていることに、警鐘をならした。出生率にこだわらず、男女平等で社会や経済の発展を目指すべきだという内容だった。簡単に要約する。

人口に対する不安が蔓延している。人口が減少している国では、労働人口の減少、高齢化、年金問題、政治的・軍事的強さが失われると不安を煽っている。

多くの政策立案者にとっては、人口動態の変化によって生じる課題に取り組むより、数を増やしたり減らしたりする方法を探すことが、時として当然のことのように思われてきた。人口が減っている場合には、お金を払って出産を促したりするなどだ。このような方法は効果がない。

国連経済社会局人口部が発表した2023年版世界社会情勢報告によれば、少子高齢化が進む国々では、労働生産性の改善は、定年退職年齢の引き上げや国際移住の増加などと並んで、働き方のジェンダー平等の達成にかかっている。

女性がキャリアと家庭のどちらかを選択しなければならない国では、極端な少子化が起こりやすい。職場におけるジェンダー不平等、家庭におけるジェンダー不平等、そして共働き家庭への構造的支援の欠如というこの三重苦は、少子化をもたらす。

「人口が多すぎる」「少なすぎる」という考えは、有害かつ曖昧である。避妊のノルマや、出生率の引き上げを勧告することは、人間を「人を生産する道具」として見る非人間的な方法だ。

経済的、軍事的、社会的、その他の目標を達成するために人口の大切さを語ることはおかしい。経済や軍事、その他のシステムは人類のために使われる道具であり、その逆ではない。人間は目的であり、手段ではない。


などの内容だ。そして日本や韓国は、少子化が進むジェンダー不平等の国として名指しで紹介されている。

問題意識から人権が抜け落ちている日本

さらにＵＮＦＰＡの同白書は、人口問題に対する国や男女別での興味深い意識調査を提示している。

図表2-2 「自国の人口が少なすぎる」と考えるのは男性が多い

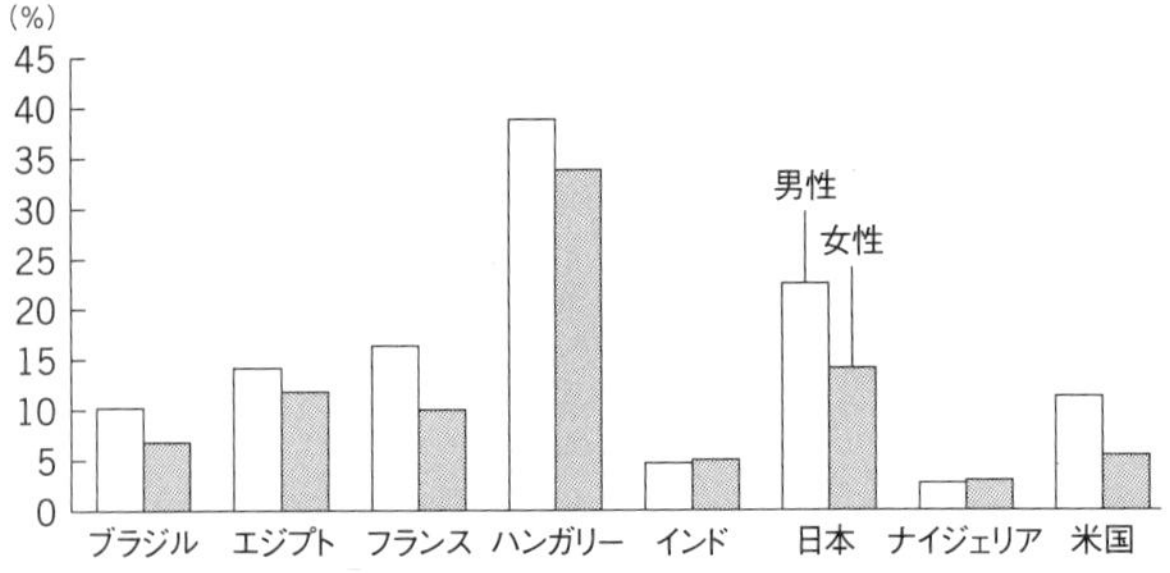

(出所) 国連人口基金2023年世界人口白書2023を参考に筆者作成

まず「人口変化への懸念は何か」という質問に対し、米国、ナイジェリア、インド、ハンガリー、フランス、エジプト、ブラジル、そして日本の回答を紹介している。

これによると、各国とも一番多い答えは「経済」、2番目は「環境」が挙がる。そして3番目に、日本以外の各国は「セクシュアル／リプロダクティブ・ヘルスとその権利」が挙がる。日本は「セクシュアル／リプロダクティブ・ヘルスとその権利」はそれ以下の順位でも掲載されていない。日本では権利の問題は意識の上で存在しないようだ。

また、どの国でも、女性より男性の方が、現在の自国の人口が少なすぎると考えていた。男性の方が「人口問題」により問題意識が強いようだ。国別で見ると、その割合は、日本はハンガリーに続く2位だ。

ハンガリーは伝統的な家族や価値観を重視するオルバン政権のもと、4人以上の子供を産んだ女性の所得税を生涯にわたり免除する制度など、積極的な少子化対策を進めている。

人口減少社会の行きつく未来

50年後、人口の3分の1が消える

出産奨励よりも、男女平等の実現が大事——。そういった主張に対し、疑問を持つ人も少なくない。現実には人口が減少しており、どうやって国力を維持していくのか。財政はどうなるのかといった懸念があると思う。

実際に今の状況が続くと日本の人口や社会はどう変化していくのか、見てみたい。

国立社会保障・人口問題研究所は2023年の4月、ほぼ5年ごとに実施している「将来推計人口」を発表した。それによると、2020年国勢調査で約1億2600万人いる日本の人口は、2056年に1億人を下回る、2070年には8700万人になる。50年でおよそ3分の1の人がいなくなる。

出生率は、中位の場合で1・36になると仮定。それに基づけば日本人の出生数は2059年に50万人を切る。年間の出生数は、団塊の世代のころは200万人を超えていた。ここ数年の動きでは2016年に100万人、2022年には80万人を下回った。2023年の速報値では75万人に減少。国の想定より10年早く少子化が進んでいる。

子供の割合は減り、高齢者の割合は増える。生産年齢人口も減少する。15～64歳の人口は70年に4535万人になる。現在はおよそ7500万人で、その4割減にあたる。

急速な人口減少が招く社会の衰退は想像に難くない。まず急速な人手不足に陥る。現在でも介護や医療人材は足りていない。トラックの運転手も国土の保全や農業を担う人々も足りなくなる。すでに路線バスの撤退などのニュースも増えてきている。リクルートワークス研究所の試算では2040年に1100万人もの人手不足が発生する。

財政面を考えても、インフラの維持が難しくなり、水道代が跳ね上がったり、橋や道路が閉鎖になったりする。近年は毎年のように台風や大雨で河川が氾濫するが、これから誰がどのくらいの費用をかけて維持していくのだろう。若い世代からの仕送りで維持している年金財政も当然、厳しい状況になる。

需要面でも、大学や塾、飲食店など幅広い産業で、毎年毎年、基本的な消費者が減っていくことになる。

「日本の最低賃金では外国人が雇えない」

地域社会という視点で見ても、ひとたび人が減り始めると、まず店が減る、店が減ると不便を感じた人が出ていく。学校や病院の統廃合などにより教育や医療のサービスがなくなると、子供がいる世帯が住みにくくなる。

子供がいなくなると、そこで新たに子供を産もうという人も減っていく。街は徐々に廃れ、空き家や廃墟が目立ち始める。伝統芸能や暮らしの文化は失われ、二度と復元できなくなる……。そんな変化はすでに日本の各地で起きており、さらに加速していくことになる。

集住で乗り越えようとしても、「いま住んでいる場所で暮らしたい」という人を動かすのは容易ではない。強制すればそれはまた権力と個人の権利との衝突を生む。

問題解消のために、デジタルトランスフォーメーション（DX）の推進や、人工知能（AI）の活用が叫ばれているが、いったいどこまで可能なのか……という不安はつきないだろう。理論的に可能でも、今の日本の指導的立場にいる政治家や経営者らが実際にそれを実行できる能力と意思を持っているのだろうか。

外国人に助けてもらおうにも、すでに世界の先進国で人材の奪い合いが始まっている。介護施設を運営する男性に取材したところ、「ベトナム人は日本の最低賃金ではもう来ない」と言う。今後も様々な分野で外国人に日本を選んでもらうことができるのだろうか。

弱者ほどとり残される可能性

個々人が海外に脱出すればよいという意見もあるかもしれない。子供のころからグローバルな教育を受けたり、すし職人など手に職を持ったりする人たちの中には日本を出て活躍する人も少なくない。実際に海外に永住する日本人は増えている。外務省の海外在留邦人数調査統計によると、2023年時点で永住者は過去最高の約57万人になった。しかし、皆がそのように生きられるわけではないだろう。

そうした懸念はもっともであり、「少子化は問題ない」というのは難しい。人口減少の変化をできる限り緩やかなものにしていかなければ、基本的な生活が脅かされる人が増えることになり、多くの場合それも弱者から苦しい状況に陥るだろう。

ただ、それでもやはり「人口の維持」が「一人ひとりの国民の生き方」に先んじてはいけないというのが歴史の教えるところではないだろうか。直接的な出産奨励策が必ずしも効果を上げないという現実も見据えたい。

消えた「希望出生率」

世の中の空気が少し変わってきたように筆者が感じたのは、第2次安倍晋三政権が「女性活躍」を推進した2010年代半ばからだ。「すべての女性が輝く社会づくり」が掲げられ、働き方の見直しなどが進み、先述したように女性も子育てしながら働きやすい環境が整ってきた。だが、その一方で「仕事だけ」「子育てだけ」という生き方に対しての寛容さが社会から少しずつ薄れていったようにも思う。

配慮もあった。政府は2015年に「希望出生率1・8」をかなえることを政策の目標に掲げた。「希望出生率」とは、結婚したい、子供を持ちたいと願うすべての人の希望がかなったときに実現する出生率を当時の統計データを基に算出したものだ。これは、人口の維持が前面に出ないようにかなり配慮したと思われる表現だった。

その後、菅義偉政権を経て、2021年に岸田文雄政権が発足。岸田首相は、2023年1月の年頭記者会見で「異次元の少子化対策に挑戦する」と突如ぶち上げた。そして2023年12月に「こども未来戦略」をまとめている。そこでは、希望出生率という表現は消え、人口減少への危機感が前面に出た内容になっている。

以下引用する。

▼急速な少子化・人口減少に歯止めをかけなければ、我が国の経済・社会システムを維持することは難しく、世界第3位の経済大国という、我が国の立ち位置にも大きな影響を及ぼす。人口減少が続けば、労働生産性が上昇しても、国全体の経済規模の拡大は難しくなるからである。今後、インド、インドネシア、ブラジルといった国の経済

発展が続き、これらの国に追い抜かれ続ければ、我が国は国際社会における存在感を失うおそれがある。

（中略）

▼繰り返しになるが、我が国にとって2030年までがラストチャンスである。全ての世代の国民一人ひとりの理解と協力を得ながら、次元の異なる少子化対策を推進する。これにより、若い世代が希望どおり結婚し、希望する誰もがこどもを持ち、安心して子育てができる社会、こどもたちがいかなる環境、家庭状況にあっても、分け隔てなく大切にされ、育まれ、笑顔で暮らせる社会の実現を図る。

少子化の解消は、目的か結果か

子供を持たない人には、積極的に持たない人もいれば、望んでいても持てない人もいる。

背景にどのような社会課題があるかは、前章で様々に見てきた。そうした一つひとつの課題を解決して、結果的に少子化が解消するのであればいいが、少子化を解決するためにそれぞれの課題を解決するというのはやはり順序が逆ではないだろうか。

特に、子供を持ちたくても持てない、子供を持つと社会的に罰を受けるような社会構造を長年放置してきた為政者が「人口減少は問題だ」と言っても、聞く耳を持つ人は少ないだろう。

例えば、保育園に入りたくても入れない待機児童問題では、すでに1964年の厚生省（当時）の調査で36万人分が不足していると判明している。その後、何度も問題になりながら60年たった今も完全には解決していない。

産後間もない体で1歳に満たない赤ん坊を抱えながら、保育園に入園できるか不安を抱えながらいくつもの園を母親たちが見学に回り、祈るような気持ちで結果通知を待つという風景がつい数年前までは普通だった。近年、保育園に入りやすくなったのは、少子化が進みすぎたためでもある。

入りやすくなったといっても、地域によっては年度途中で認可保育園に入るのはなお困難だ。2023年12月には東京都世田谷区の認可外保育園で生後4カ月の男児が死亡する事故が起きた。男児の両親は「認可保育所への入所がかなわず、私たちが仕事を継続するには他に選択肢がなかった。誰もが安全な保育を受けられることを行政に強く望む」と記者会見で話している。生まれた子供を安全に育てる環境が日本ではまだ十分に確保されていない現実を突きつけた。

国民側にとっては、国を存続させるための少子化対策で子育て支援が充実するならばいいではないかという見方もあるだろう。確かに現状としてはそのとおりである。子育て支援の充実は個人の幸福にとってとても重要であり、さらに力を入れていく必要がある。だが、もし何か局面が変わって、人口増加は国にとってよくない、という時代が来たらどうだろうか。「日本の大きな課題として少子高齢化が挙げられますが、子供の数が多くなると、道具のようにしてしか社会に必要とされなくなってしまうのではないかと心配です」

2023年4月、小倉將信こども政策担当大臣（当時）が、全国の「こども記者」を対象に、記者会見を開いたところ、中学生からこのような質問が出た。

国家は時に個人に向かって権力というオノを振り下ろす。どのようなときでも、出発点は個人の幸せにあるのだと、心の中に留めておきたい。

現代日本の少子化対策

「異次元の少子化対策」とは思えない人が9割

人口減少への危機感から進められている少子化対策が、実際のところ、一般の人々にどのように受け止められているかも紹介したい。

「異次元の少子化対策」を掲げた政府は2023年6月、2024年度からの3年間で集中的に取り組む「加速化プラン」を発表した。日本経済新聞社は2023年7月に読者アンケートを実施してその評価を尋ねた。調査は日経リサーチと共同で7月13~18日、日経電子版などの利用に必要な「日経ＩＤ」の所有者を対象としてオンラインで実施。2884人から回答を得た。

図表2-3 加速化プランは、87%が「異次元とは思わない」

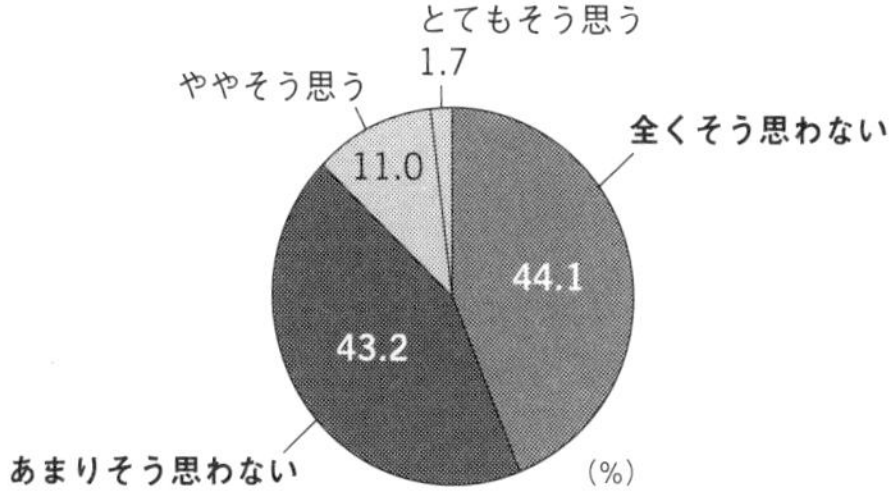

（出所）日本経済新聞社

政府の加速化プランについて「異次元だと思いますか」との質問には、「全くそう思わない」（44・1％）との回答が最多で、「あまりそう思わない」（43・2％）と合わせて87・3％が異次元とは感じないという見方を示した。

その理由を自由回答で聞いたところ、「やって当たり前」「これまでの焼き直し」「代わり映えしない」「実現性に乏しい」「海外では普通のこと」など厳しい言葉が並んだ。

子育て世帯の実感として「3人目がほしく、興味深くニュースを見ているが、結果として産もうとしていない。人を1人育てるには、20年以上の金銭的な負担がある。大企業に勤めていない多くの日本人が、3人目は無理と思っているのではないか」（40代女性）という声も

図表2-4　子育て政策が「異次元」と思わない理由（自由回答、抜粋）

20代	女性	この給料のまま子供を得ても、高等教育を受けさせられると思えない
	男性	所得の少ない人は、子供をつくることが経済的に難しく、ぜいたくだと考え、児童手当拡充などの支援があったとしても、諦めると思う。お金をばらまくのではなくて、まずは若者の求職支援、所得増額の支援をすべき
30代	男性	国立博物館などの子供優先レーンなどは対策になっていない。若年層が結婚に興味がないなどもっと根本的な問題がある
	男性	子育て支援ばかりで、婚姻の支援がない。飛行機の機内サービスを充実させても、飛行機に乗れない人には全く意味がない
40代	女性	どれももっと早く開始すべきだった対策であり、いまごろそれをやって「異次元」と誇られても、白けた気持ちしかない
	女性	海外では普通のことも多いから

（出所）日本経済新聞社

あった。

「加速化プラン」を26項目の具体策に分けて、高く評価するものを3つ選んでもらったところ、「所得制限撤廃などの児童手当の拡充」（25・3％）を選んだ人が最も多く、「給付型奨学金の拡充など高等教育費の負担軽減」（24・6％）、「出産費用などの経済的負担の軽減」（23・1％）と、金銭的負担の軽減策が上位を占めた。

一方で、「共働きの好事例

図表2-5 「加速化プラン」の具体策でどれを高く評価していますか（3つまで回答）

		回答率
上位	児童手当の拡充（所得制限の撤廃、高校生まで延長、第3子以降は3万円に）	25.3%
	高等教育費の負担軽減（給付型奨学金の対象拡大、授業料後払い制度など）	24.6
	出産などの経済的負担の軽減	23.1
⋮		
下位	子供の看護休暇の拡大	3.0
	国立博物館などで子供優先レーンの創設	1.4
	共働きの好事例の紹介	1.1

（出所）日本経済新聞社

図表2-6 8割以上の人が子供を持つ上で格差が開いていると感じている

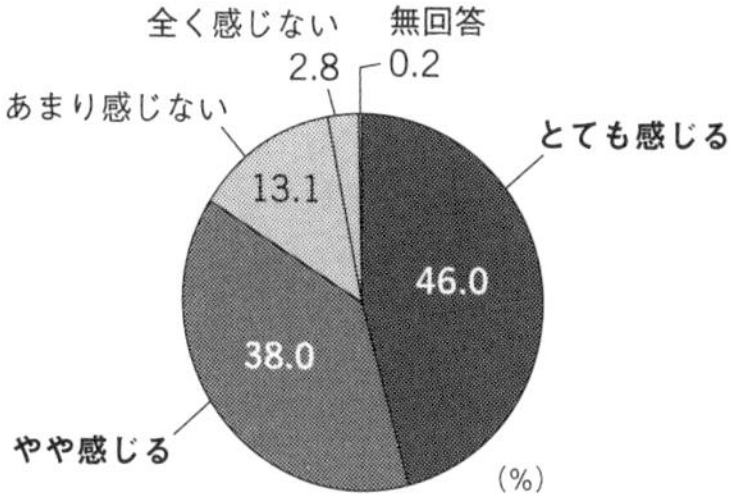

（注）数値は四捨五入しているため合計は100%にならない
（出所）日本経済新聞社

の紹介」（1・1％）や「国立博物館などで子供優先レーン」（1・4％）などは評価が低かった。

「政府の少子化対策で欠けていること」を自由回答で聞いたところ、「結婚していない人への支援」「企業への働きかけ」「高齢者の負担増」「安心感」「財源」「スピード」などを挙げた人が多かった。

具体的な意見として、「少子化対策というよりは子育て支援の施策が多く、子供を産みたいと思えるようなアプローチは多くない」（20代女性）などの声があった。

子供を持つ上での格差が開いているという実感が浸透していることもわかった。「経済的に豊かでないと子供を持ちづらくなるような格差が開いていると感じますか」と尋ねたところ、「とても感じる」が最多の46・0％、「やや感じる」が38・0％と、合計で8割以上の人が格差を感じていた。

国は本気で子供を増やしたいのか？

全体として見ると、経済支援の具体策については前向きに捉える人が多い一方、その実効性や財源に疑問を抱く人も多かった。高等教育費や、結婚していない層へのアプローチが物足りないとの見方も多い。そして多くの人が子供を持つ上での格差を感じている。

そもそもなぜ今までやらなかったのか、やって当たり前ではないかという受け止めも強い。少子化を改善するには、人々が政府を信頼し、安心して子供を産み育てる将来像を描く必要があるが、国民の心は冷めてしまっているように見える。「人口が減るとまずい」という警告は、ほとんど効いていないのが実態だろう。

また日本の少子化の最も主要な要因は、結婚をしない人が増えていることだという研究分析が出ている。結婚した人は、苦労を伴いつつも2人程度の子供を持っている。少子化対策という観点で見れば、子供を持っていない人、日本の場合は結婚していない人への支援も欠かせないはずだ。

だが現実には児童手当の拡充など、すでに子供を持っている人への支援が中心になってしまう。これには、結婚をしていない人への支援というのはなかなか具体化が難しいという面もある。安定した雇用や賃上げなど長期的な環境改善が必要で、1つや2つの政策で解決できる問題ではないだろう。

ただ、児童手当などの政策に支援が偏りがちなのは、その方が、国民受けがよく、わかりやすいからという理由もあるだろう。児童手当をめぐっても、民主党政権がつくった所得制限のない「子ども手当て」を、自民党がばらまきだと批判したり、所得制限を設けたと思ったら廃止したりと対応はコロコロ変わる。

そうした政府の姿勢を見ていると、本当に社会で子供を増やすことが目標なのか、それとも子育て支援を政権浮揚のツールにしたいだけなのかという疑問さえ生じてくる。人権か国家の存続かという問題以前のところに日本はいるのかもしれない。

政策決定者に欠ける生活感

保守的な思想の自民党政権だけが問題というわけでもない。筆者は民主党政権時代に日本経済新聞社政治部に所属し、当時の子育てや女性政策を取材していた。マニュフェストに「選択的夫婦別姓」などを掲げリベラルな印象を与える同政権だったが、現場の取材ではその実現に向けた機運は感じられなかった。

自民党との折衝で子ども手当てに所得制限をかけることになったときに、「社会で子供を育てる」という理念に反するという信念に基づいて反対した議員はわずかだった。民主党のある男性議員は筆者の前で「子育ては親がするものでしょ」と冷めた見方を示していた。幼稚園と保育園の一体化も先送りした。税制改正の際に、女性の働き方に対して中立ではない「配偶者控除」を見直そうと提案する議員もほとんどいなかった。税制改正のメンバーだったある女性議員は筆者に「言える雰囲気がない」と漏らした。

子育て環境や男女平等の推進に問題意識を持っているのは一部の女性議員に限られ、多くの男性議員は党内外の権力闘争に明け暮れていた。「女性が家で子育てすれば良い」とまでいう議員は少なくとも、苦しんでいる人々の現状を変えるため積極的に何かするというほどでもないという議員が多いという感触を覚えた。

日本の待機児童問題を大きく動かす起点となった「保育園落ちた日本死ね」のブログを民主党の山尾志桜里議員が取り上げたのは、野党になった2016年だ。

家事や育児を実際に担ったことがない男性議員が圧倒的に多い日本では、政党を問わず、生活をどう改善していくか、その先にどのような国の形があるのか、という視点が欠けているのが現実だ。

識者と考える
少子化・無子化
1

子供を持つ意味とは

▼西野理子●東洋大学　教授（家族社会学）

ここから少し識者と共に日本の少子化について考えていきたい。

まず若者に広がる無子志向について考えてみよう。第1章でも触れたが、国立社会保障・人口問題研究所の2021年の出生動向基本調査では、若い未婚者の中で、生涯独身でいい、と考える人が急増した。子供の数の理想や希望を「0人」と回答する人も徐々に増えている。

日経新聞が2023年2月に実施した読者アンケートでは、子供がいない人のうち3割程度の人が「子供を望まないし、過去にも望んだことがない」と答えた。望まない理由を聞いた自由記述欄の中には、「どれだけ努力しても、きちんとした子供に育つかわからず、リスクが大きいから」「現在の日本では、子供は持ったもの負けの印象が強い」といった回答もあった。子供を持つことの不安と同時に、子供を持つ人への厳しい視線が、今の日本社会には混在しているようだ。

日本人にとって子供を持つ意味はどのように変わってきたのだろうか。東洋大学の西野理子教授（家族社会学）に取材で話を聞いた。

――歴史上、子供を持つ意味はどう変遷してきましたか。

「大まかに言うと、前近代では子供は労働力であり、親の老後の面倒をみてくれる存在だった。近代ではそうした意味合いは薄れ、いることが親の名誉になるとか、親を楽しませてくれるといった存在になっていく。子供を『消費財』としてみるということだ。この場合、経済的余裕がないとたくさんの子供を持つのは難しい」

――近代でも、世代によって子供を持つ感覚は違いますか。

「今の80～90代の人たちにとって、子供を持つかどうかは考えるまでもないことだった。95％の人が結婚する『皆婚社会』で、普通に生きていれば子供ができた。その後、徐々に結婚が人生の1つの選択肢になり、子供も授かるというより持つ持たないという選択の対象になっていく」

――近年は子供を持たない選択をする人が増えています。

「日本では昔から、子供を持つことはおおむね『幸せなこと』と考えられてきた。今の若い人には『幸せなのだろうけども、自分にはとてもできないなあ』という感覚があるのではないか。その中には、子供を持ちたいけど経済的に無理で諦めている層と、経済力があっても子供を持つことはリスキーだと考える層がある」

――子供を持つリスクとはなんでしょうか。

「仕事が不安定で、普通に生きていれば安定した生活を持てるという見通しが、自分にも子供にもない。教育費は親が負担する。子供が自立できなければパラサイト（寄生）して自身の財産を食い潰す存在になり得る。子供が人生のどこかで挫折するとやり直せない。子供が成人しても犯罪者になれば親がバッシングされる――というような社会では子供を持つことはリスクになる」

――それが家族形成への意欲をそぐということでしょうか。

「そうだ。特に日本では、自分の親と同居し続けるという選択肢があるので、わざわざリスクを冒して新しい家族を形成する必要性が薄い。高度成長期の若者は、親世代が貧しかったり、自身や配偶者の所得が上がっていくという将来への期待があったりしたから、結婚していった。低成長期になると、先行きがわからない配偶者を選んだり子供をつくったりするより、豊かな親といた方がリスクが少ない」

――どうしたらよいでしょうか。

「子供を持つことがリスクにならないように社会制度を整えていく必要がある。日本では、高度成長期に『近代家族』と呼ばれる家族像が庶民にも確立した。夫は会社員、妻は主婦で、子供の教育に力を注ぎ個室を用意した。外の社会と家族が分離し、家族が極めて特別な存在になった」

「この近代家族像があまりに強固なものとして残っている。家族だけですべてを解決しなくていいんだよ、子育ては楽しいことがたくさんあるよ、子供はなんとか羽ばたけるよ、という社会にしていかないと家族形成は難しい。強すぎる家族主義が家族を滅ぼすことになる。世界を見ても少子化が進むスペインやイタリアなども同様の傾向がある」

――実際、子供を持たない人が増えてきています。

「結婚や子供を持つかどうかの自由は必ず保障されるべきだ。そうした多様な生き方が存在することが、ポスト近代的な社会といえる。その上で、子供というのは次の社会を支えてくれる存在だという共通認識は必要だと思う。子供が増えることは子供がいない人にもメリットがある。その認識が欠けていると、子育ての負担を社会で分かち合うことはできないだろう」

にしの・みちこ 全国規模の家族調査プロジェクトや、個人のライフコースを追跡するパネル調査などに携わり、家族の変遷を研究。編著に『夫婦の関係はどうかわっていくのか』『よくわかる家族社会学』など。

※インタビューは2023年6月に日経電子版に掲載した

識者と考える
少子化・無子化
2

東アジアの家族主義と少子化の関係

▼溝口由己氏●新潟大学　教授（中国経済）

日本では強すぎる家族主義ゆえに、子供を持つことがリスクになっているという。では韓国、中国といった東アジアの国々ではどうだろうか。

韓国は、2023年の合計特殊出生率が0・72とOECD加盟国で最下位だ。住宅や教育費の高騰、安定した雇用が少ないことなどからまさに異次元の少子化が進んでいる。

意識の面でも変化がある。韓国紙ハンギョレの報道によると、同国統計庁の2022年調査では、「結婚しても子供を持つ必要はない」と考える若者は53％にのぼる。女性は（65％）は男性（43％）より高い。2018年の調査より上昇しているという。2010年頃からは、恋愛、結婚、出産を諦める「3放世代」という呼び方や、住宅や人間関係を加えた「5放世代」という呼び方なども出てきているという。

中国も、2022年の合計特殊出生率が1・09と極めて低い水準にある。2020年は1・3、2021年は1・15と、年々低下している。

中国も教育費や住宅費の高騰で、もはやよい生活は望めないとして結婚も仕事もしない「寝そべり族」が増加しているという。

これらの背景に共通するものは何だろうか。東アジアの状況に詳しい新潟大学の溝口由己教授（中国経済）に取材で話を聞いた。

――世界各国の中でも東アジアは特に少子化が進んでいるようです。

「日本、中国、韓国では子供を育むのが家族の役割になっている。家族は縦の親子関係をつないでいく場所という意識が強く、横の夫婦関係は弱い。国は企業に投資をするが、子供の方は家族にお任せの状態だ。重荷を家族に背負わせた身軽さで企業が成長した時代もあったが、今は家族が破綻しつつある」

――何が家族の重荷になっていますか。

「中国では住宅が高騰している。80平方メートルほどの築浅マンションが1億～2億円する例もある。これは現地の平均年収の数十年分にあたり、これから買う人にしてみれば絶望しか感じない。韓国も教育費が高いし、子供を産んだ女性が働きにくいので仕事を辞めるとなると、所得の低下につながってしまう」

――日本ではどうでしょうか。

「大事なのは男性の働き方を家庭生活と両立できるものに変えることだ。夫婦が共に稼ぎ、かつ子供の世話をする立場にもなれるようにする。今の日本は妻が主に家事・育児をし、男性が仕事をする『昭和型家族』がまだ多い。それが結婚をしにくくしている。夫婦ともにフルタイムで働きながら、それぞれが週2～3日は定時に帰れるようにする。企業にも利益がある。時間を意識した働き方は生産性が上がるし、残業も削減できる。働く女性が増えれば人手不足も補える。政府は1日の法定労働時間を7時間にすることも検討してほしい」

――国や自治体がもっとできること、果たせる役割はあるのでしょうか。

「行政の側から国民に価値観を押しつけるようなことはできない。単に出生率の上昇をとなえるのではなくて、人々の希望をかなえやすい社会にすることが大切だ。その手段の1つが働き方の見直しになる。働き方は人の幸福に大きく関わる。夫婦が共に働き、共にケアを担う平等主義的家族が実現し、そのうれしい副産物として、結果的に出生率が上がるのが望ましい」

みぞぐち・ゆうき 北京大学博士。専門は中国経済論。近著に東アジアの子育てのつらさなどを分析した『少子化するアジア』(編著)など。

※インタビューは2023年6月に日経電子版に掲載したものを再構成

COLUMN 2

父親が子育ての責任者だった江戸時代

日本の子育てがしんどいとされる理由の1つに、女性への負担の偏りがある。だが、それが昔からずっとそうだったわけではないという話を、育児書のルーツと併せて紹介したい。

子供をどう育てるかを指南する育児書の源流をたどると、今から320年前の江戸時代にまでさかのぼる。江戸時代に日本初の育児書を読んでいたのは男性、つまり父親たちだった。

『小児必用養育草』

研究者の間では、日本で初めての育児書は1703年に出版された「小児《しょうに》必用《ひつよう》養育草《そだてぐさ》」という見方がある。著者は香月牛山という京都の医師だ。同書は全6巻で、5巻までが妊娠や出産、病気への対応方法などを伝えており、6巻では子供のしつけや教育についてまとめている。

内容は具体的だ。例えば1巻の「誕生について」という項目では「父母が交接して受胎すると子宮に着床する（中略）子宮から産道へと抜け出て誕生を迎える」と妊娠から出産までの過程が描かれている。

6巻では「習字の練習は朝晩各十回、昼三十回行う」「算術は十歳になったら」など示してある。また「子どもを溺愛し、なにごとも、わが子によいようにと誉《ほ》めちぎり、その場しのぎに育てる者が多い」と甘やかしを非難している。現代にもありそうな議論である。

※本文は『小児必用養育草　よみがえる育児の名著』（農山漁村文化協会）から抜粋

なぜ日本で初めての育児書がこの時代に出たのだろう。子育ての歴史に詳しい和光大学名誉教授の太田素子さんに取材すると、当時の時代背景として「子供への教育意欲の高まり」があったという。

「江戸時代は『家』を親子でつないでいくという意識が広まり、子供の教育が重視されるようになった。それ以前の戦国時代には、将来が見通せないなかでそういう意識は芽生えにくかった」と太田さん。中国の知識が多く入ってきたり、出版技術が向上したりしたことなども後押しした。

当時は相次いで子育て書が出版されている。それらは基本的に、書き手も読み手も男性だった。太田さんは「もちろん授乳などは女性の役割だったが、子育ての責任者は男性だった。いかに仕事も家もきちんとまとめるかが問われた。江戸時代は父親が子供を育てた時代だった」と話す。

太田さんによると、下級武士が記した「柏崎日記」にも、「家に帰れば子守をさせられて息をつく暇もない」と嘆きながらも、子育てを「無上の喜び」と感じている描写がある。江戸時代のお父さんたちは仕事と子育ての両立に苦労しつつも、やりがいを持って楽しんでいたようだ。

明治時代に入り、産業化が進むと次第に男性は外で働き、女性は家で家事子育てをするという分業が出てくる。第二次世界大戦後、高度経済成長期にもその傾向は続き「子育ては女性」という意識が定着する。

都市部で働くサラリーマンと、子育てをする専業主婦というモデル世帯が普及した

1960年代ごろからは、米国の小児科医が著した『スポック博士の育児書』など育児書のブームも訪れた。その中で、医師の松田道雄氏が書いた『育児の百科』（1967年）もベストセラーになる。

育児の百科は基本的には女性の読者を想定しているとみられるが「父親になった人に」という項目では「君もいよいよお父さんだ。家庭のお父さんである君に一言いっておきたい。（中略）いまは若い母親がひとりでせおわねばならぬ。（中略）骨の折れる育児には君も力を貸さねばならぬ。子どもがあらわれなかったころの亭主関白はつづけられない」と記すなど、男性の育児参加を呼びかけている。

松田氏の著作を研究した椙山女学園大学の大森隆子名誉教授は取材に対し「地域全体で子育てするという風潮が薄れてきた時代で、父親が子育てに参加しなければ母親がもたないということを、小児科医として母親たちに接する中で感じていたのだろう。松田氏は江戸時代の子育ても研究し、男性が単なる手伝いではなく、主体的に育児をする伝統を知っていたようだ」と話す。

そこから50年以上たった今、男性の育児参加はようやく少し進みつつある。同書は現在も文庫になり読みつがれ、累計180万部以上を販売している。大森さんは「やっと時代が松田氏に追いついてきた」と見る。歴史上ずっと女性だけが育児をしてきたわけではないのだ。

また日本人は子供をとても愛してきたという記録も残る。例えば、江戸末期から明治初期にかけて日本を訪れた外国の人々は、日本人が子供をとてもかわいがる姿を目撃している。

私は、これほど自分の子どもをかわいがる人々を見たことがない。子どもを抱いたり、背負ったり、歩くときには手を取り、子どもの遊戯をじっと見ていたり、参加したり、いつも新しい玩具をくれてやり、遠足や祭りに連れて行き、子どもがいないといつもつまらなそうである。他人の子どもに対しても、適度に愛情を持って世話をしてやる。父も母も、自分の子に誇りをもっている。

（イザベラ・バード『日本奥地紀行』）

東京に暮らしているとニコニコと子供を見守る人が多くはないと感じる。子供の声を騒音と捉える問題などは地方でも生じている。

筆者は人口減少や老後の安心のためではなく、人生の楽しみの1つに、自分や他人の子供との生活が挙げられる国はのどかな感じがすると思っている。昔の日本にはそうした文化があった時期もあるのだろう。

一方で、子供が減り、兄弟が減り、異年齢のふれあいが少なくなればなるほど、子供への興味関心が薄れていくのも自然なことだと思う。「子供はかわいい」という価値観の押しつけに戸惑う人も少なくないだろう。

社会情勢の変化とともに、振り子のように揺り戻しがある文化もあれば、流れていく水のように決して元には戻らない文化もある。子供をめぐる文化はそのどちらに該当するのだろうか。

一人ひとりが幸せである社会のためにできること

無子化と少子化は必ずしも一致しないが、日本の場合は無子化と同時に少子化・人口減少が進んでいる。

国家が人口減少を大きな脅威と捉えてきた歴史は長い。戦争期などには、各国で独身税や出産奨励策が取り入れられてきた。逆に人口爆発期には出産抑制が推進されることもあった。

そうした歴史的経緯を経て、近代ではリプロダクティブ・ライツという、子供の数などを自身で自由に決められる考え方が登場した。ただ、日本では広く普及しているとはいえない。出生率向上を目指そうとする日本政府の動きに対し、まずは男女間の不平等を是正せよという国際機関からの厳しい意見もある。

人口減少は日本に厳しい未来像を突きつける。手をこまぬいていられない現実もある。ただ、政府が進める少子化対策に向ける国民の視線は冷めている。

「人口減少という脅威」をいくら国民に訴えても、国民の心には響かない。たとえ頭で理解しても、国のために子供を産む人はほとんどいないからだ。

若い世代では子供を持つ意欲が低下し、リスクと捉える人たちもいる。これは少子化が進む東アジアに共通する現象だ。「家族」への過大な負担が背景にある。

それではいったいどうすればいいのか。人口が減り国家が衰えていくところをただ放置しておけばよいのかという疑問を持つ人もいるだろう。

それは半分誤りで、半分正しいように思う。

まず子育て支援や賃上げは、国民の幸せを第一義に据えて、全力で実施されるべきだ。一人ひとりが幸せになる社会をつくるというのは当然のことで、そういう意味では何もしないでいることは誤りだ。

一方で、正しいというのは、いずれにせよ日本はしばらく人口が減っていく。出産適齢期の女性人口がすでに少なく、1人当たりの出生率を上げたとしても、人口の増加には転じない。できるのは減少のペースを可能な限り緩やかにしていくことだけだ。

そういう意味で、今必要なのは人口減少や無子化を前提とした社会をつくることでもある。次章からは再び、無子化に焦点を当てて社会の行方を考えていきたい。

第3章

世界の無子化と日本の無子化

50歳女性の4人に1人が子供を持たない日本

子供を持たない人をどう呼ぶか

この章では改めて、子供を持たない人が増えるという無子化がどう進んできたのかについてマクロな視点から考えてみたい。

まず第1章の「#生涯子供なし」の記事でも引用した「生涯無子率」について見てみよう。「生涯無子」とは多くの人にとって聞き慣れない言葉だろう。筆者も初め、何と読んだらいいかわからなかった。読み方はショウガイムシ。文字通り捉えれば一生子供を持たない人、という意味になる。

この呼び方からして、すでに差別的な意味合いを含んでいるという意見もある。「有子」とは呼ばないのに、「無子」と呼ぶことが、「持つべきものを持たない」という印象を与えるという意見だ。

子供がいない人には様々な背景があり、望んで持たない人もいれば、ほしくてもできない人もいる。英語では子供を持たない人を示す表現に、「childless」のほか、子供を持たない人生を積極的に選ぶ「child free」という呼び方がある。出産したことのない女性については「nulliparous」という医学的表現もある。

人口学の世界でも、望んで子供を持たない状態は自発的無子（voluntary childlessness）、望んでいるが子供を持てない状態を非自発的無子（involuntary childlessness）と呼び分けている。

ただ、childless か child free か、voluntary childlessness か involuntary childlessness かを統計的に区分するのはとても難しい。

子供を持たない人の全体の数字の流れをつかむため、ここでは統計上の概念として無子（childlessness）という言葉を使って話を進めたい。

「生涯無子」とは何か？

無子の中でも、一生子供を持たない「生涯無子」とはどのように判定されるのだろうか。

人口学では「無子＝childlessness」は、女性の場合は子供を産んだことがない状態、男性の場合は自分の子供を持ったことがない状態を示す。女性の場合、50歳時点で無子の場合に「生涯無子」とみなす。

というのも、女性は子供を産むことに年齢的な限界があるからだ。50歳近くになると一般的には生理が終わり、卵子が排出されなくなる。そして自然には妊娠しなくなる。

例えば日本の場合、厚生労働省の人口動態統計を見ると、2021年に生まれた子供は79万3020人いる。そのうち母親の年齢が50歳以上なのは、わずか18人。割合でいえば、0・002%にすぎない。99・99%が49歳以下で母親になっている。

一方、男性の場合、50歳を過ぎても子供をもうけることができないわけでない。同じ統計でも、2021年に生まれた子供のうち、父親の年齢が50歳以上なのは、8727人になる。割合では1・1%。少ないが女性と比べると多い。男性の「生涯無子」はなかなか判定しにくいのだ。世界で見ても、まとまった統計データも少ない。

そのため、社会の中でどの程度の人が生涯にわたって子供を持たないのかをデータで調べようとすると50歳時点の女性の無子率（50歳の女性のうちどれくらいの人が子供がいないか）

を基本的な指標にすることになる。

また、身体的な負担が生じる出産は、女性の生活に与える影響が大きい。働き方など社会の中で女性がどう生きるかに深く関わるため、その視点からも、世界では女性の生涯無子についての研究が積み重ねられてきた。

ただ、実際にはほとんどの社会で男性の方が、無子率が高いとみられている。女性だけの話ではなく、むしろ男性の方がより関係の深い話なのだ。しかし、データも少なく、その背景を分析することは実は女性以上に難しい。

この後、子供を持たない人の歴史について触れていく際も女性の話が中心になる。男性の無子に興味のある人には、視点に偏りがあると感じられるかもしれない。そこは筆者の力不足そのものであり、心からおわびしたい。

ただ、女性と男性がパートナーとなり、子供を持つ社会では、女性の生き方の変化は男性にも結果として関係するということは言えるだろう。

これらを念頭に、まずは女性の childlessness のデータを使いながら話を進めたい。

生涯無子率が世界一の国、日本

日本で少子化問題が浮上してから30年以上がたつ。子供が減ったという問題意識はあっても、子供を持たない人がどのくらい増えたかについてはあまり注目されてこなかった。

個人からすれば、「社会全体の子供の数が減っていくと日本が衰退しますよ」「将来の年金財政が大変になりますよ」などと言われても実はあまりピンとこない人が多いのではないだろうか。

特に東京圏では人が過密であるし、住宅は狭く、通勤電車も混雑している。保育園に入れない待機児童問題なども長年解消されず、むしろ少しは人口が減った方がいいのではと思う人さえ少なくないと思う。

一方、子供を持つか持たないかというのはすべての人に関係する問題だ。どんな人も生きている限り必ず「子供を持つ」か「子供を持たない」かのどちらかの人生を歩む。それが積極的な選択であれ、消極的な選択であれ、自然の成り行きであれ、最終的には「子供がいる」または「子供がいない」どちらかの状態として人生を終えることになる。

少子化が叫ばれる日本では、子供を持たない人はどのくらいいるのだろう。結論から述べると、日本は主な先進国の中で最も子供を持たない人が多い国になっている。それが第1章の冒頭で記した「生涯子供なし、日本突出　50歳女性の27％」の記事の内容になる。

1970年生まれの女性のうち27％が生涯無子

ＯＥＣＤのデータベースには「Childlessness」という項目がある。それを用いると女性の50歳時点の無子率を先進国で比較できる。

一般の人には少しわかりにくいが、「コーホート」と呼ばれる「生まれた年のグループ」で比較する形式になっている。「19Ｘ年に生まれた人のうち、子供を持たない人がＹ％いた」ということを示す。

日本を古い年代から見てみよう。1955年に生まれた女性のうち50歳時点で無子だった人の割合は11・9％。これは、現在（2024年時点）69歳の女性では1割程度が子供を持たなかったと理解できる。

それが1960年生まれ（2024年時点で64歳）だと16・6％、1965年生まれ

図表3-1　生涯無子率は日本が最高に
（女性の出生年別・50歳時点）

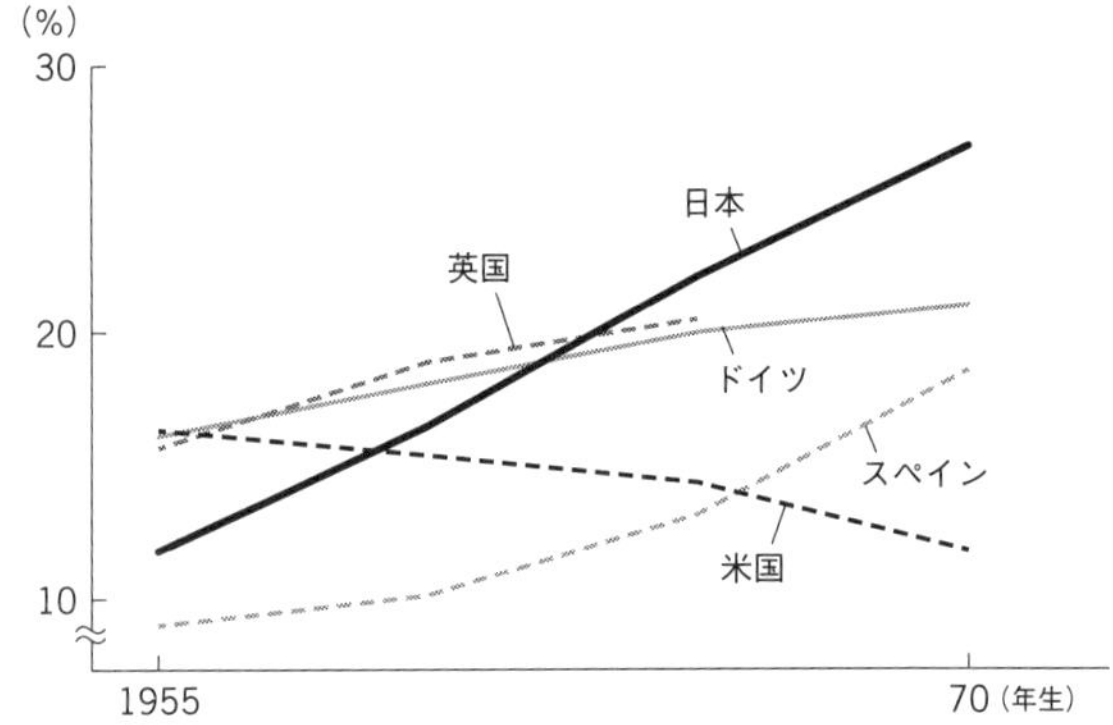

（出所）日本経済新聞社

（2024年時点で59歳）だと22・1％、1970年生まれ（2024年時点で54歳）だと27％になる。

50歳時点で子供がいない＝生涯無子の女性の割合はどんどん高まり、現在の50代では3割弱、4人に1人以上がそうだということだ。

OECDのデータによると、日本が世界一になったのは1965年生まれからだ。1965年生まれでは24カ国で比較できる中で最も高い。

1970年生まれのデータはまだない国が多く、比較できるのは17カ国になってしまうが、そこでも日本が最も高い。

少子高齢化・無子化のトップランナー、日本

注目すべきは日本の無子率の増加の勢いだ。１９６５年生まれから１９７０年生まれの女性へとステージが移る中で、他の多くの先進国は増加の勢いを弱めているのに、日本は勢いを弱めず突出している。

世界最高の無子率、それもすごい勢いで他の国を抜き去りトップに躍り出た。それが今の日本だ。後述するが、この先、さらに突出していく可能性がある。日本は少子高齢化の世界トップランナーであるのみならず、無子化のトップランナーなのだ。

なぜ日本は世界の先進国を追い抜く形で無子化が進行したのだろう。それを考える準備として、まず世界では子供を持たない人の数がどのように推移してきたのか歴史を振り返ってみたい。

世界各国の景色にうつる無子の歴史

中世の西欧諸国における無子

生涯にわたって子供がいない――。そのことから想像するのはどのような時代のどのような人生だろうか。自由を求め、自分の人生を謳歌する現代人の姿が頭をよぎる人もいるかもしれない。しかし実は、無子率が高くなったのは現代だけではない。歴史の中で無子率は上がったり下がったりを繰り返してきた。

その軌跡や背景について、すべてを網羅的かつ正確に把握するのは困難だが、一般の人にあまり知られていない知識について、文献などを頼りにしながら、できるだけ解きほぐしてみたいと思う。

まず中世ヨーロッパは比較的、晩婚かつ生涯独身の人が多い社会であったとされている。『How to Be Childless』(Rachel Chrastil) などによると、16世紀後半には「独身女性

(spinster)」という存在が社会で認識されていたという。17世紀には、子供がいないことは珍しくなかったが、存在は否定的に捉えられていた。独身であることは魔女狩りの対象にもなったようだ。

17~18世紀のフランスの都市では、成人の15~20%が生涯独身だった。イングランドでも17世紀後半、少なくとも15%程度の生涯独身の女性がいた。都市部には女中が多く存在し、彼女らは生涯独身であることが多かったという。

その後の産業革命を経て、19世紀に入ると、栄養状況の改善などの影響で西洋の人口は爆発的に増加していく。未婚女性の数は減り、子供を持たない人も少なくなったとみられている。

近代の西欧諸国における無子

19世紀半ば以降については、子供を持たない人の増減がデータを用いて研究されている。ここからは「コーホート」と呼ばれる、生まれた年代のグループで無子率の変遷を見ていきたい。

図表3-2　欧米の生涯無子率は時代によって増減してきた（45～49歳以上で子供のない女性の割合）

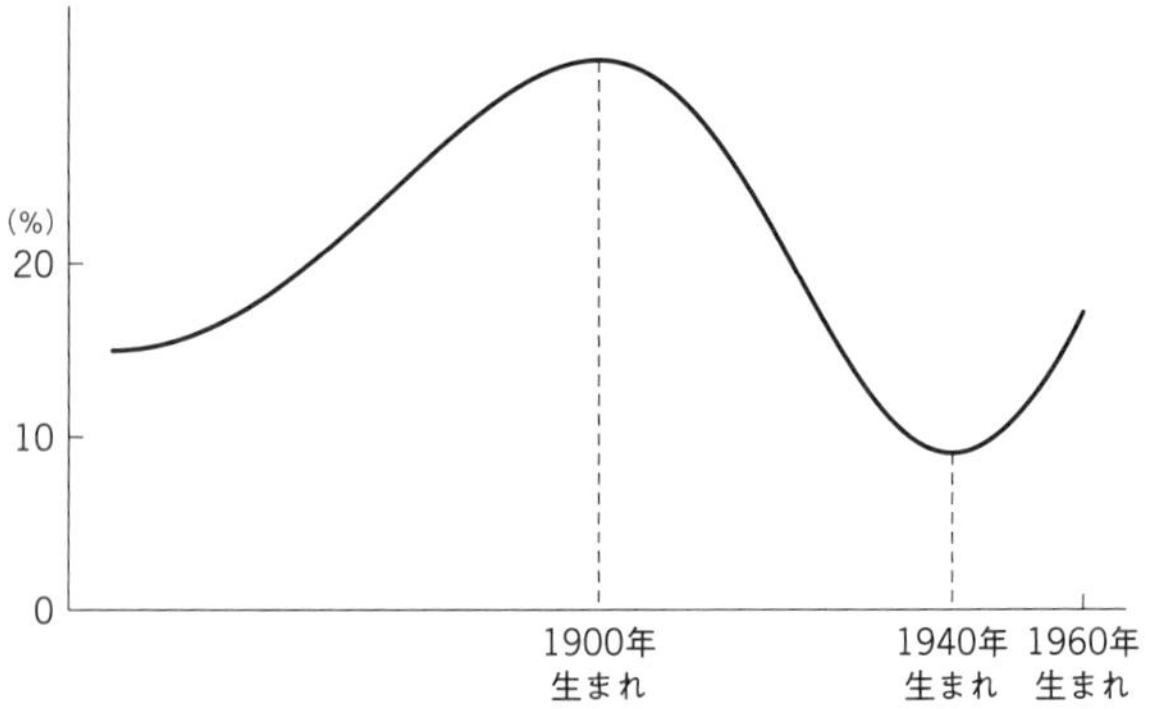

（出所）米国、オーストラリア、英国、フランス、フィンランド、ドイツの女性の無子率（Rowland 2007）などを参考に著者が作成したイメージ

まず、ざっくりとした傾向としては、欧米では1900年前後に生まれた女性で一度、無子率のピークが来る。その後、1940年前後に生まれた女性で無子率は底を打ち、上昇に転じる。

1900年前後に生まれた女性が最も子供を持つ人が少なかったのは、世界的な大恐慌や第一次世界大戦の影響と考えられている。1940年前後に生まれた女性に子供が多いのは第二次世界大戦後のベビーブームにかかったから。そしてその後、子供を持たない人が増えていくのは価値観の変動があったためと考えられている。

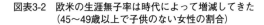

米国における無子率の起伏を追う

近代の無子率のアップダウンをもう少し具体的にイメージするため、米国を舞台に女性を取り巻く環境の変化を追ってみよう。米国は無子のデータの蓄積や研究が進んでいる国の1つである。

米国の研究によると、米国で1865年ごろ生まれた女性では、無子率は20％弱だ。そこから多少の増減を経て、1905～1915年ごろに生まれた女性では20％を超えた。その後低下し、1935～1945年ごろに生まれた女性では無子率は10％を下回る。それを底に再び無子率は急上昇していく。1955～1965年頃に生まれた女性では15％程度になり、以後は比較的高い水準を維持することになる。

まず、無子率が2割を超え、高水準にあった1905～1915年頃に生まれた女性の集団の背景を見てみたい。

彼女らが20代となる1925～1935年ごろというのは、世界では米国発の大恐慌（1929～1930年代後半）が起きており、生活不安が生じていた。第一次世界大戦

（1914〜1918年）の影響で男性が不足していたという説もある。これら社会的な理由により、結婚や子供を持つ機会を奪われた人が少なくなかったとみられている。

米国の社会学者は当時の、経済的な要因で子供を持たない家族の様子を伝えている。

性生活は悪化した。情報収集した38家族のうち22家族では、性交渉の頻度が減り、そのうち4家族では性交渉が全くなくなった。妻が妊娠する確率を下げるために性行為を減らした夫婦もいた。ピルやIUDのような近代的な避妊手段がないため、経済的に苦しい夫婦は、人を増やさないためにできることをしたのである。ある親は、「親が十分なお金を持っていないのに子供を産むのは犯罪だ」と言った。

（Andrew J.Cherlin「Labor's Love Lost」）

そこから無子率は急低下し、1935〜1945年ごろに生まれた女性では無子率は1割を切る。彼女たちが20代となる1955〜1965年ごろには、第二次世界大戦（1939

〜1945年）は終わり、世界は成長に向かうエンジンを全開にしていた。

米国では1950年代、専業主婦の文化が最盛期を迎え、女性が「豊かな家庭生活」を享受した。

1950年代に普及したテレビは、ホームドラマの中で聡明で美しい専業主婦を「理想の女性」として描いた。日本でも放送された「うちのママは世界一」（1958〜1966年）は、聡明な主婦と小児科医の夫、2人の子供の日常生活を描く。

愛する相手と結婚し、子供を育てる。それが理想であり、現実にもなっていた時代だった。その結果、子供を1人も持たない人は少なかった。だが、そんな「美しい家族」の時代はいつまでも続かなかった。

家事と育児、これでおしまい？

ベビーブームの流れが変わるのが、1940年代後半以降、つまり第二次世界大戦後に生まれた女性たちだ。無子率は底を打ち、再び上昇を始める。その背景には、これまでの戦争や経済難とは異なった、女性を取り巻く社会環境の変化がある。

1940年代後半生まれの女性が20代になる1960年代中ごろは、「ウーマンリブ」と呼ばれる、女性解放運動が米欧で起こり始めた時期にあたる。ここが子供を持たない人が増えていく起点になる。

米国では1963年、ジャーナリストのベティ・フリーダンが『新しい女性の創造』を出版した。この本では、夫を得て郊外に暮らし、豊かな生活を享受しながらも家事と育児の世界にとじ込められ虚無感を感じている主婦の姿が描かれている。

第1章「みたされない生活」はこんな風に始まる。

長い間、ある悩みがアメリカの女性の心の中に秘められていた。二十世紀の半ばになって、女性たちは妙な動揺を感じ不満を覚え、あこがれを抱いた。郊外住宅の主婦たちは、だれの助けも求めずにひそかにこの悩みと戦ってきた。寝床を片付け、食料品を買いに出かけ、子供の世話をし、夜、夫の傍らに横になる時も、『これでおしまい?』と自分に問うのをこわがっていた……

（ベティ・フリーダン『新しい女性の創造』）

教育を受けた女性はもはや家庭生活だけに押し込められることに満足できなくなっていた。自身の才能を社会で活かしたいと思っていた。そしてそれは当然のことだと、この本は主張した。

そして男性は外、女性は家庭という型を崩そうとするムーブメントが広がった。女性の地位向上や、雇用機会、賃金の平等のほか、避妊と人工中絶に関して女性が選択する権利を求めた。

ピルが女性の人生を変えた

ムーブメントを支えるツールも登場した。経口避妊薬ピルだ。ピルは１９６０年に米国で経口避妊薬として世界初めて認可された。女性たちはピルを飲むことで、出産の時期や子供の数をコントロールできるようになった。

米国家族計画連盟（Planned Parenthood Federation of America）はピル登場後に女性が社会でどう活躍の場を広げたかをまとめている。それによると、米国の既婚女性の労働力率は1960年から2013年の間にほぼ倍増し、31・9%から58・9%になった。1960年には女性は弁護士人口の3%であったが、2014年までに33%を占めるようになった。1960年から2013年の間に、4年以上の大学を修了した女性の割合は、5・8%から37%へと増加した。

2023年にノーベル経済学賞を受賞したハーバード大学のクラウディア・ゴールディン教授も、ピルの普及により、女性が結婚や出産の機会を遅らせ、職業選択や教育の機会を広げたことを研究で示している。

結婚や出産の先延ばしにより、人生において持つ子供の数は減り、この流れの中で、子供を持たない人も増えてきたとも考えられる。現実には前向きな要素ばかりではなく、仕事とキャリアの衝突などの困難を含みながら、底を打った無子率は上昇を続け、米国の1955～1960年ごろに生まれた女性では、15%程度が生涯子供を持たなかった。

子を持たない人、子を持てない人

自発的無子と非自発的無子は区別できるか

ここまで「無子」を1つのまとまりとして数字上の議論を進めてきた。だが、こう思う人も多いはずだ。子供がいない人の中には、望んで子供を持たない人もいれば、子供を持つことをそもそも望んでいない人もいる、と。

この章の冒頭の「子供がいない人の呼び方」でも述べたが、英語には子供を持たない人生を積極的に選ぶことを指す「child free」という呼び方がある。

人口学の世界でも、望んで子供を持たない状態は自発的無子（voluntary childlessness）、望んでいるが子供を持てない状態を非自発的無子（involuntary childlessness）と呼び分けている。ただ、実際にこの区別を実際にしようとするとかなり難しい。

いくつかのパターンを考えてみよう。

◎「子供はほしくないし、一生子供をつくらない」と明確に決めている人は、自発的無子といえる。

◎「子供がほしいけど、先天的な病気で子供を授かることはできない」という人は、非自発的無子といえる。

年齢によっても気持ちは変化する

ではこんな例はどちらに当てはまるだろう。

◎「子供はほしくない」と心に決めていた女性のDさんは、20～30代の間、仕事に全力を注いでいた。だが40代半ばになって一生をともにしたいパートナーができた。そのパートナーと出会ったことで、子供を持ちたいと思った。しかし、すでに妊娠が難しい年齢にかかっていて、子供を持つことはできなかった。

◎「子供を育ててみたい」と小さいときから願っていた女性のEさんは、20代前半から熱心に婚活に励んでいた。しかし、どうしても好感を持てる男性に出会うことができなかった。いても相手から断られた。そうしているうちに30代を迎え、結婚への意欲が薄れてきた。40代になっても結婚したい相手には巡り合えず、結局子供はいないままだ。

Dさんは人生の前半は自発的無子だが、人生の後半になって非自発的無子になったといえる。Eさんは基本的には非自発的無子だが、自分の好きな結婚相手を選ぶことを重視し、子供をつくることを自ら先延ばしにしていたという意味では自発的無子ともいえる。

さらにこんな例はどうか。
◎女性のFさんは結婚をして子供を持つことが当たり前だと思っていた。しかし、結婚すると仕事を辞めることが会社の慣行になっており、それは嫌だった。仕事を辞めないでいるうちに、子供を持てない年齢になっていた。
◎男性のGさんは結婚と子供を持つことを希望していた。しかし職場には女性はおらず、出会いがなかった。仕事時間は長く、休日もほとんどなく、社外で相手を見つける余裕がないまま気がつくと40代になっていた。同世代の女性と人生を歩んでいきたい気持ちがあるので、今後結婚したとしても子供はできなそうだ。

このFさんやGさんは非自発的無子と考えられるが、仕事を優先した、という点からみると自発的無子ともいえる。

またこんな人もいるだろう。
◎女性のHさんは子供がほしいと思っていたがパートナーがなかなか見つからなかった。30〜40代にかけて友人が子育てに苦労しているのを見ているうちに、子供がほしいという気持ちがなくなっていった。今は子供がいない人生が楽しく、つくらなくてよかったと心から思っている。

1人の人生を見ても、ある時期、子供がほしいと思ったり、いらないと思ったり、気持ちが変化することはよくあることだ。その人を取り巻く環境によっても気持ちは変わる。なんとなくそうなった、という人も多いだろう。自発的無子と非自発的無子の境界を決めることは難しい。

ただ、その時代や国の様々な状況を鑑みて、子供を持たない人の背景に何があるのか、それは自発的なものなのか、そうではないのかという問いは常にあり、研究が重ねられている。子供を持つか持たないかは個人の選択でありながら社会の影響を大きく受け、そこにはしばしば深刻な社会課題が隠されているからだ。

明確に子供を望まない人は数％

自発的無子と非自発的無子の境界をハッキリと分けることは難しいが、ある程度明確に「子供がほしくない」という人もいる。それは実際にはどのくらいの割合なのだろう。

欧州では、20カ国を対象に分析した2000年代初頭の研究がある。

この分析では、ほとんどの国では、20～30代の男女で、自発的な無子は1割より少なかった。スロベニアやラトビアなど子供のいない状態を希望する人が1％未満という国もあった。

ごく一部の国を除き、ほぼすべての国で、男女問わず、子供を持たないことを明確に希望している人は、将来的に子供を持つかどうかハッキリ決めていない人より、相当少なかった。

どの国でも、自発的な無子は女性より男性の方が多かった。女性の方が子供を持つことに熱心で子供を持たなかったときの後悔が大きい。

日本でも国立社会保障・人口問題研究所の守泉理恵氏が、女性全体のうち5％程度が無子志向であると推測している。

これらを勘案すると、「自分は子供がほしくない」と明確に思っているのは、人口のうち数％と想定できるかもしれない。

世界の6人に1人は不妊を経験している

不妊についてはどうだろう。世界保健機関（WHO）の最新の報告書では、不妊症を12カ月以上定期的に性交をしても妊娠しないことと定義した上で、成人人口の約17・5％（世界の約6人に1人）が不妊を経験しているという。地域間や国の所得レベルによる差は少ないとしている。

また、日本生殖医学会ウェブサイトでは「世界中の過去の調査をまとめた2007年の報告書では、不妊症の比率は調査された時代や国により1・3％から26・4％に分布し、全体では約9％と推定されてる」と紹介している。この場合、だいたい1割前後は自然には子供ができないというイメージだ。

先天的な不妊としては、例えば女性ではターナー症候群がある。染色体の一部に変異があり、妊娠が難しい。日本内分泌学会や日本小児内分泌学会のウェブサイトによると、ターナー症候群の99％以上の人が不妊で、通常の不妊治療で妊娠に至ることはほとんどない。ターナー症候群は、２０００人に1人くらいの女性が該当する。

40歳未満で卵巣機能が低下して、生理が来なくなる「早発卵巣不全」が起こることもある。日本内分泌学会ウェブサイトによると、約１００人に1人が発症する。そう珍しいことではない。

男性では、精巣（睾丸）で精子が作られなかったり、作られにくかったりする造精機能障害がある。例えば、クラインフェルター症候群という染色体の異常がある。日本家族計画協会ウェブサイトによると、１０００人から２０００人に1人が該当するとみられている。

年齢上昇で不妊率上昇

これらの理由だけでなく、不妊には男女とも様々な要素が絡みあっているとみられている。

また、年齢によっても妊娠のしやすさには差があり、年齢が上がるにつれ不妊の頻度は上昇する。具体的には、日本生殖医学界ウェブサイトでは「不妊の頻度は（女性が）25歳〜29歳では8・9％、30〜34歳では14・6％、35〜39歳21・9％、40〜44歳では28・9％」と紹介している。年齢が上がると、体外受精などの生殖補助医療をして受精しても、出産する確率は下がる。

年齢による不妊率の上昇は、自発的無子か非自発的無子という切り分けが難しい理由の1つになる。出産を先送りしているうちに高齢になり、不妊になる人は多くいる。先に述べたが、こうしたケースを自発的に無子となった人と見るか、非自発的に無子となった人とみるか、明確に分類するのは難しい。

以上、極めてざっくりしたイメージになるが、「明確に子供を希望しない人」が数％、自然には妊娠しにくい人が1割程度とみると、社会の中で1割前後は、そのままの状態だと子供を持たないと大まかな感覚をつかめるのではないだろうか。

人が「子供を持たなくなるわけ」をどう説明するか

戦後に無子率が上昇してきた理由とは

話を、戦後のベビーブームが過ぎ去った後になぜ無子率が高まってきたかというところに戻そう。大きな背景には、先に米国の事例で触れたように、特に女性を取り巻く社会環境の変化がある。女性の意識が変わり、子供をたくさん産む人は減り、少子化が進んだ。注意が必要なのは少子化と無子化は全く同じ問題では無いということだ。4人子供を産んでいた人が1人しか子供を産まなくなったことと、1人も子供を産まない人が増えたということは、ちょっと違う。

そして残念ながら、「なぜ子供を1人も持たない人が増えたのか」という疑問にすっきりと答えられる理論はまだない。だが、先進国で進む少子化と無子化は重なる要因があり、少子化を説明する理論は無子化の理解も助ける。そのいくつかを紹介する。とても理屈っぽい話なので興味のない人は飛ばしてほしい。

「多産多死」から「少産少死」へ

欧米における出生率は大きな社会の発展とともに変化を続けてきた。まずあるのは近代化前の「多産多死」社会だ。農業が主体で労働力を期待して多くの子供を産むが、病気などで多く死んでいた。これが18世紀中ごろまでの社会だ。

その後、産業革命が起きると工業化とともに都市化が進む。所得が上がり、医療水準も向上する中で「多産少死」の社会に移行する。これにより18世紀後期から、人口は増え始める。

そこからさらに少ない子供を計画的に育てる「少産少死」の社会に移る。これが19世紀〜20世紀前半の西欧で起きたことで、それまで5、6人産んでいたのが2、3人になる。この出生率の急低下を「人口転換」とする。

この時代は、都市に中産階級が増え、お金を貯めて、人生をどう設計しよう、という考えが生まれてくる。男性が働き、女性が子供を育てる役割分業のもと、少ない子供にどう愛情を注ぎ、どう教育していくかと人々が考え始める。親は子供の将来に責任を負う「子供中心主義」が生まれる。

「子供中心主義」から「自己実現」へ

だが、出生率の変化はそこでは終わらなかった。人々はさらに少ない子供しか産まなくなる。そこには大きな価値観の変化が横たわり、それを「第2の人口転換」と称したのが、オランダの人口学者ヴァン・デ・カー氏だ。彼の1987年の論文「Europe's second demographic transition」は、こんな風に始まる。

昨年の夏、南仏やスペイン、ポルトガルに休暇に向かう多くのオランダ人と同じように、私もベルギーを経由した。国境を越えたところで、大きな看板が目に飛び込んできた。そこには魅力的な女の子と、「Driving fast is as stupid as making love fast」（はやく運転することは、はやくセックスするのと同じくらい愚かなことだ）とでも訳しそうなスローガンが掲げられていた。私は驚いて、危うく道路から飛び出すところだった。一体誰がそんなことを考えたのだろう？

ヴァン・デ・カー氏は、保守的なベルギーでさえ、おそらく婚前の性交渉を示唆する看板が掲げられていたことに驚愕する。そして欧州の人々の価値観がいかに変化しているのかと自分に問う。

同論文では欧州における同棲、離婚、避妊などについてデータを用いながら、1960年代以降の出生率低下を多面的に分析する。それによると婚前の性交渉や離婚は増加し、結婚の制度的な意義は低下した。

親であることの精神的満足度は子供が1人か2人いれば満たされる。自分を犠牲にしてでも子供の将来を優先した「子供中心主義」は終わりを迎え、むしろ人々はカップルや自分自身の可能性を実現する「自己実現」を求めるようになった――とヴァン・デ・カー氏は見立てる。

自然と子供の数は減り、中には1人も産まない人も増えただろう。価値観の大変換が少子化や無子化を進めたというシナリオだ。

子育ての質と量はトレードオフ

経済的な観点からの説明も同時期に登場した。1992年にノーベル経済学賞を受賞したシカゴ大学教授のゲイリー・ベッカー氏による理論だ。ベッカー氏は子供を「消費財」と捉え、1960年の論文「An Economic Analysis of Fertility」では、こう表現している。

> ほとんどの親にとって、子供は精神的な収入源であり、満足の源である。経済学者の用語では、子供は消費財とみなされる。（中略）一家は何人の子供を持つかどうかだけではなく、子供にかける金額も決めなければならない。寝室を別にするか、保育園や私立大学に通わせるか、ダンスや音楽のレッスンを受けさせるか、などである。シボレーよりキャデラックの方が高級車と呼ばれるように、私はより高価な子供を「より質の高い」子供と呼ぶことにする。

ベッカー氏は、子育ての「質」と「量」はトレードオフの関係にあると考えた。教育費など子育てにかかるコストが上昇した場合、夫婦は量（子供の数）を減らし、質（1人の教育水準など）を取り、少子化が進むという考えだ。

さらに、女性が教育を受け、その賃金水準が上昇するほど、子育ての時間コストが上昇し、女性が子育てより雇用労働を選択するという見方も示した。社会に出てたくさん稼ぐ人が、子供のおむつを替えるために仕事を辞めてしまうと、相当な損をしてしまうというイメージだ。それを避けるため、子供の数を減らすようになる。

まとめると、1960年代以降、人々の価値観は変わった。子供を産み育てることが人生の最優先目的ではなくなり、社会の中で働いたり自分らしく生きたりすることを優先するようになった。ピルという女性が使いやすい避妊の道具も登場した。婚前の性交渉は増え、結婚しても子供を持つ時期をコントロールできるようになった。そして女性の所得が上がるほど、家庭内での育児にかかる時間的な負担が意識され、さらに子供をたくさん持つ人は減った――というようなストーリーだ。

そうだよなあ、と思う人は多いだろうか、少ないだろうか。第2の人口転換論と、ベッカー氏の経済理論は、少子化問題で多く引用される理論だが、1960年代以降の先進国の少子化には他にも、いろいろな解釈がある。

子育ての負担が男性より女性に偏っているからといったものや、福祉国家が縮小し子育てのリスクを個人に背負わせるようになったからといったものなどだ。国によっても事情は様々だし、いずれも意識的にせよ無意識にせよ複雑に絡み合って影響しているというのが現実だろう。

さて、欧米の歴史や背景について長く述べてきた。これらをベースの知識とした上で、日本はどうだったのだろうかという議論に入りたい。

日本の少子化・未婚化・無子化の歴史

生涯未婚が多かった江戸初期

近代前の日本でどのくらい子供を持たない人がいたのかは詳細なデータはない。ただ、江戸初期には家督を相続できない次男以下が生涯未婚であったり、女性に比べ男性が多い都市部で、男性が未婚のまま人生を終えたりすることは少なくなかったという。

17世紀から18世紀にかけて、農業の発展とともに次男以下が結婚できるようになり、既婚率は大幅に上がったとされる。

江戸時代の儒学者である貝原益軒（1630～1714年）が著書「女大学」で、「嫁して3年子なきは去る」と記したことは有名だ。相続を伴う「家」意識が広まる中で、女性は子供を産むことが存在意義とされていたことがわかる。

一方で、当時は養子をとることも盛んで、必ずしも血縁にこだわらなかったり、大半の庶民にはそのような考えはなかったりしたという見方もある。

おおむね明治より前は「多産多死」社会で、明治から1920年代ごろまでが「多産少死」の時代と考えられている。多産少死としては、12人の子供を産んだ歌人の与謝野晶子（1878～1942年）がイメージしやすい。

公衆衛生の発達や、経済成長による生活や栄養水準の改善などにより、乳児や幼児の死亡率が下がっていったことが背景にある。それ以降は、第二次世界大戦後のベビーブームなどを経ながらも、基本的には「少産少死」の社会に移行していく。

生涯未婚率2％の時代

少産少死の時代に入ったとされる1920年代からは、国勢調査も始まり、ある程度、無子の状況をデータで把握できる。

日本は1920～1960年ごろまでは生涯未婚率は2％程度だった。つまりほとんどの人が結婚する「皆婚社会」だった。

その後、じわりと上昇し始めるが1970～1990年でも男女とも5％以下だった。

図表3-3　50歳時点の未婚率は急上昇

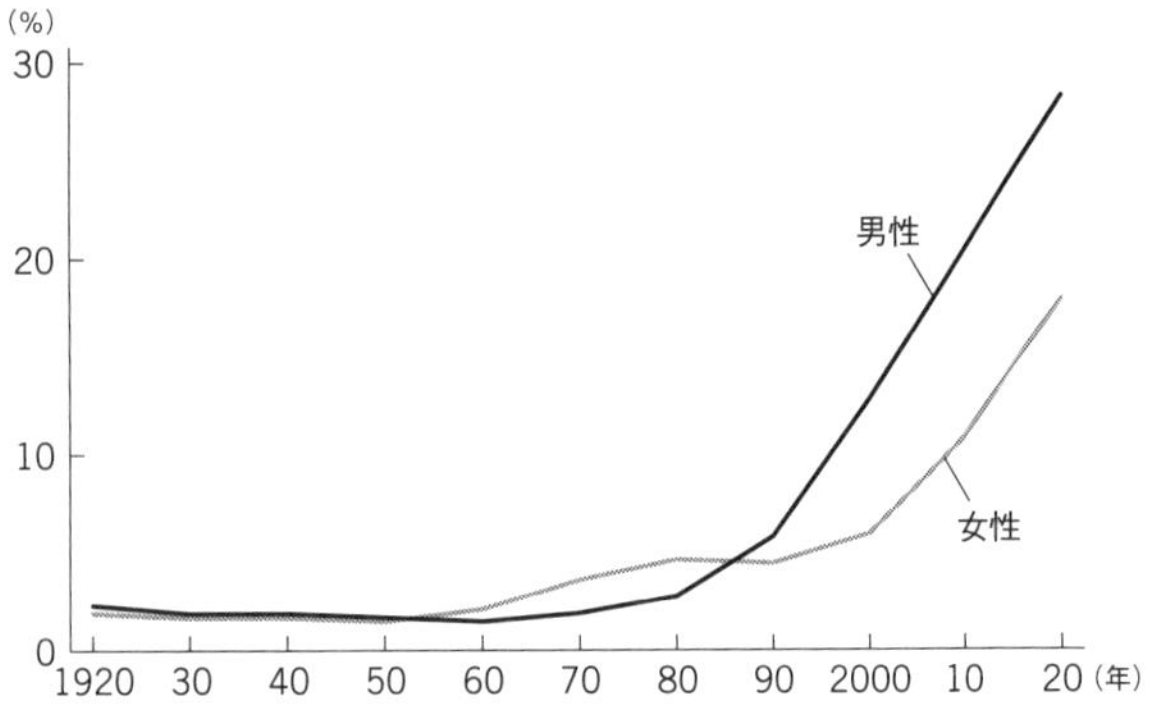

（出所）国立社会保障・人口問題研究所「人口統計資料集」

これは1950年ごろまでに生まれた人たちだ。2024年現在でいうと70代以上の人たちになる。子供を持たないというのは例外的な生き方で、ほぼ不妊の問題に集約されていた。

無子率で見ると、1950年生まれの女性（2024年現在で74歳）までは生涯無子率は1割程度で推移していた。これは先述したように、不妊や明確な無子志向を持つ人を足すとだいたい1割程度になるとみられるので、ある意味、自然な状態ともいえる。

1947～1949年ごろに生まれた人々は戦後のベビーブームで生まれた「団塊の世代」にあたる。学生運動など戦後の自由な社会を追求した世代というイメージもあるが、多くの女性は結婚をして子供を産み育てた。

「生きがいのない」女性たちの登場

一方で、「子供を持つことが当たり前の社会」でも、主婦業にいそしむ女性たちの心の中には変化の芽が生まれつつあったようだ。

ベストセラーになった『生きがいについて』（1966年初版）の著者で、精神科医である神谷美恵子氏は、1970年の「主婦の生きがい」という新聞記事でこう記している。

> いわば中産階級の恵まれた環境にあると思える人たちばかり、それでもアンケートの結果は、果たして彼女たちの生きがいに関する悩みは相当なもので、半数ははっきりと生きがいがないと述べていました。（中略）
>
> 主婦たちの生きがい喪失の悩みは、少し大げさにいえば、うめきや叫び声となって回答の紙面から立ちのぼってくるように感じられました。そのいくつかを次に——
>
> 「子供の成長をみるのは楽しいし、ピアノの練習も楽しい。だが胸の底には『ワァー』

と叫びたくなるような恐ろしさがある。生きがいがないのだ」（高槻市・Sさん（30））

この記事に出てくるSさんは１９４０年ごろの生まれとみられるが、子を持ち恵まれた環境に身を置きながらも人生の生きがいを失い、生活に窒息しそうになっている。１９５０〜１９６０年代の米国の主婦が抱えていたような葛藤が、日本にも生じていたのだ。

実際に出産状況に変化が出てくるのは、１９５５年ごろ（２０２４年現在で69歳）に生まれた女性たちからだ。それ以降、無子率は急上昇していく。

この間、日本の女性、そして社会には何が起きていたのだろうか。

恋愛結婚や婚前性交渉の台頭

欧米では１９６０年ごろを境に人々に大きな価値観の変動が起きたという、オランダの人口学者ヴァン・デ・カー氏の「第2次人口転換」を先の項目で紹介した。人生において子育ての優先度は下がり、自己実現を目指す人が増える中で子供の数や、子供を持つ人が減っていったという考え方だ。

図表3-4　見合い結婚と恋愛結婚は1960年代に逆転

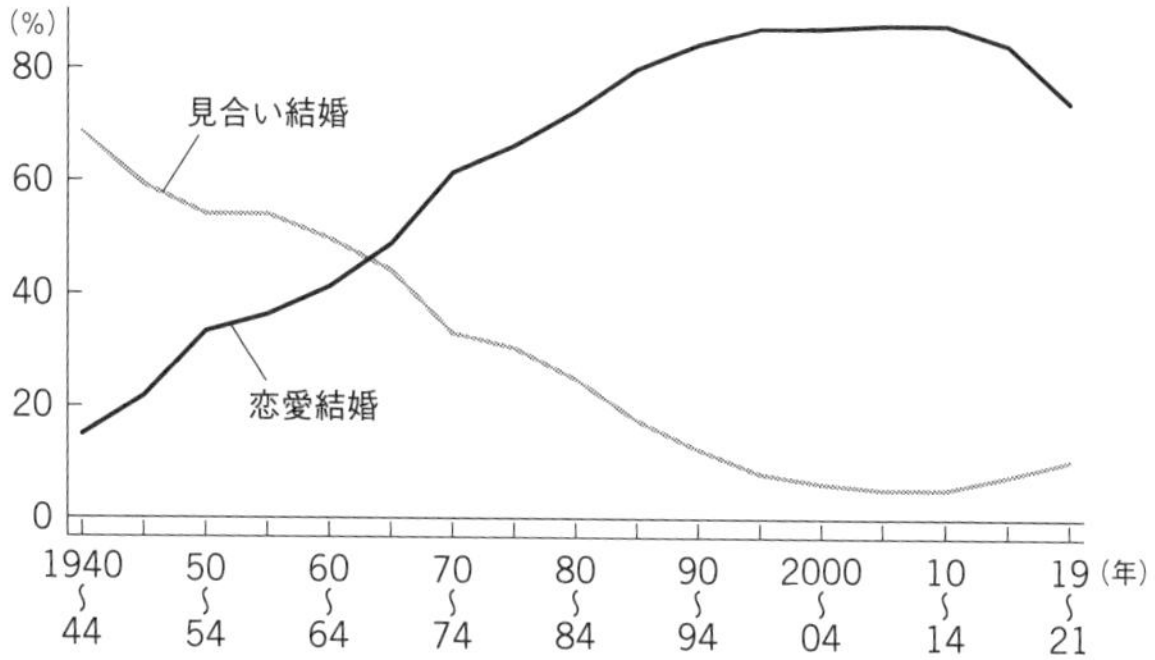

（出所）出生動向基本調査より作成

人口学者の阿藤誠氏は１９９７年の論文で、カー氏の議論を受ける形で、日本人の宗教観や、性、結婚、離婚、親子、夫婦、男女に関する価値観を分析している。

その中では「個人主義化が日本でも緩やかだが進行した。ただ、それは西欧流の個人の権利、自由が何者にも優先するというほど強い価値観への変化ではなさそうだ」とした上で、１９８０年代に親子、夫婦、男女についての大きな価値観の変化があったとみる。老親を扶養する義務があると考える女性が急減したり、婚前の性交渉に寛容になったりしたことだという。

統計上、変化がわかりやすいのは恋愛結婚の台頭だ。１９６５年に統計上、恋愛結婚と見合い結婚の割合が逆転し、その後、急激に見合いは減少していく。ＮＨＫによる意識調査でも、婚前の性交渉を認める割合は１９７０〜１９８０年代に急増している。

「フリーター」の出現と未婚化の進展

価値観の変化と前後して、女性を取り巻く経済環境も大きく変わっていた。１９８６年、男女雇用機会均等法が施行される。実際に、「キャリア」を築けた女性はごくわずかだが「結婚をして寿退社」することだけが女性の絶対的な選択肢ではなくなり、次第に女性の勤続年数は伸び始める。

男性についても新卒後、定年まで終身雇用という人生を皆が目指すものではなくなってきていた。リクルートグループのアルバイト情報誌「フロム・エー」は、定職に就かず好きなアルバイトで生活をする「フリーター」という生き方を打ち出し、１９８７年には同名の映画も制作されている。

１９８７年11月の日経産業新聞では、リクルートグループの道下勝男氏が「フリーター」

の名付け親として登場し、次のように話している。

（中略）自分の気持ちに正直に生きる人という意味をこめて『フリーター』とつけました。（中略）会社組織に入ることを絶対視せずに、自分の適性を伸ばそうと考える人たちです。塾の講師やスポーツインストラクターなど優越感に浸れる職業に人気がありますす。（中略）今の大学生はほとんどフリーター志向があって、当たり前の生き方を嫌います。年配の人は軽い生き方と思うでしょうが、若い人たちの志向を調べてそれに合った仕事を用意しなければついてきません。

（1987年11月24日付 日経産業新聞）

バブル景気に沸いた日本社会は明るく輝き、若者の「新しい生き方」を後押しした。そしてそれは未婚化の入り口だった。

パラサイト・シングルの豊かな生活

社会学者の山田昌弘・中央大学教授は『家族難民』で、結婚をしないで親と同居する当時の若者の様子をこう記す。

> 1980～1990年代前半にかけてのパラサイト・シングルは、親と同居することを主体的に選んだシングルといっていいでしょう。（中略）自分の給料を思う存分に使えるし、面倒な家事も元気な母親に任せておける（中略）実際にその多くは、思い描いた通りのリッチな生活を送ることができました。1990年前後は、パラサイト・シングルにとっての黄金時代といってよいでしょう。

未婚者がみんな親と同居していたわけではないが、結婚して自らの世帯を持ち、子供を持つ以外の生き方が出現してきた様子がうかがえる。

無子率が欧米水準になりつつあった1960年生まれは、1990年ごろに30歳前後になっている。無子率が世界最高水準になった1965年生まれは、1995年ごろに30歳前後になっている。

ちょうどその世代から、子供を産まない生き方についてのコンテンツが発信されているので紹介したい。

「負け犬」……でも自由

一つは1964年生まれの俳優、山口智子さん。2016年に雑誌「FRaU」のインタビューでこう語っている。

> 私はずっと、子供を産んで育てる人生ではない、別の人生を望んでいました。今でも、一片の後悔もないです。人それぞれ、いろんな選択があっていいはず。もちろん、子供を持って初めてわかる感動もあると思います。実際に産んでみないとわからないことだと思うけれど。でも私は、自分の選択に微塵の後悔もないです。夫としっかり向き合って、二人の関係を築いていく人生は、本当に幸せです。

チャイルドフリーといえる生き方を選んだと読める内容で、同世代の女性の共感を呼び、話題となった。

一方、1966年生まれでエッセイストの酒井順子さんは、『負け犬の遠吠え』（2003年）で、結婚をせず子供もいない人たちをこう記した。

> 負け犬とは（中略）狭義には、未婚、子ナシ、三十代以上の女性のことを示します。（中略）勝ち犬は、家庭という世界において子供という有機物を生産しています。そして負け犬は、経済社会においてお金という無機物を得ている。両者が生産したもの、すなわち「子供」と「お金」を比べたときに、子供の方がよりまっとうで価値の高い生産物とされるから、負け犬は「負け」ていると判断されるのです。
> （中略）負け犬が負け犬になった理由は様々であり、また私達が普通の家庭というものを嫌悪しているわけでもないのです。ただ、ふと気がついたら負けていた。

この本では、経済的に自立し、恋愛を楽しみ、「男ウケ」ばかりを気にしない女性像が描かれている。「負け犬」と自虐的に表現しながらも、新しいライフスタイルを楽しんだ人々の気配が感じられる。酒井さんは、２０１６年にも『子の無い人生』を出版している。

必ずしも結婚して子供を産まなくてもいいという価値観の変化、婚前の性交渉の容認、性交渉と結婚の分離、女性も家庭外で働けるという経済環境の変化、そして高度経済成長期からバブル――。めまぐるしい変化の中で日本の未婚率は上がり、そして１９６５年生まれの女性では無子率が世界トップとなった。

これはある一面から見れば、欧米各国の変化に日本が追いついたともいえる。だがこの後、日本の無子率は欧米より突出していくことになる。そして子を持たない社会的背景も変質していく。

バブル崩壊と進まなかった男女平等

１９９０年代前半にバブルが崩壊すると若者を取り巻く環境は一変した。企業は採用を絞り込み、それまで8割を超えていた大卒の就職率は急低下し、２０００年には6割を切った。人員削減のため、それまで正社員が担っていた業務も非正規社員に置き換わった。

「夢を追う自由人」だったフリーターのイメージは、次第に「卒業しても就職できない人」へと変わっていった。1970年生まれはちょうど社会に出て家族形成の時期にかかるころだ。男性も女性も不安定な仕事に就く人が増え、賃金は上がらなくなった。その後、10年以上続く「就職氷河期世代」の誕生だった。

恋愛結婚の価値観が浸透しているのに、それまで多くの恋愛の舞台となった職場での出会いも減っていった。例えば、ある世代までは正社員の総合職男性と一般職女性が職場で出会い、結婚することは定番だった。それが女性の場合は派遣社員など非正規雇用に切り替わり、正社員男性との距離が生じていく。

経済環境の悪化に加え、「男性が主に稼ぎ、女性は主に家事・育児を担う」という根強い性別役割分業意識も足かせとなった。低収入の男性が増えているのに、男女とも意識が変わらずマッチングが難しくなっていった。

たとえ、女性が子供を持ちながら働こうとしても、フルタイム勤務では男性の長時間労働を前提とした画一的な働き方がほとんどだった。男性と同じように働けない女性はフルタイム市場では門前払いだった。

経済の停滞、雇用の不安定化、共働きできない環境、変わらない男女の意識——。それらすべてが家庭や子供を持つことにネガティブに働いた。

日本の女性の無子率は、1970年生まれ（2024年時点で54歳）だと27％で、世界最高になった。男性も同様に世界最高水準にあるとみられる。

近年の世界動向

世界では——

その間、欧米の主要国では無子率の上昇は落ち着きを見せ始めた。OECDのデータでは、米国では無子率は1955年生まれから低下傾向にあり、1965年生まれから1970年生まれにかけても一段と低下し15％を下回っている。

無子率が比較的高いとされるドイツでも、同国政府の2019年報告書では「ドイツは欧州で最も子供のいない国の1つである。生涯無子率（43歳以上の女性コーホート）は、1937年から1976年の間に11％から22％に倍増した」とした上で、「近年では、子供のいない人の増加率は変わってきている。子供のいない人が多い旧西ドイツでは、安定する兆しがある。1960年代後半から1970年代生まれの女性では、22％前後で落ち着いている」という。

欧米の中でも、フィンランドやスペインでは無子率が上がってきているなど、詳細に見ると無子化の様相は多様である。ただ、日本がその中でも突出して高い。

中国や韓国の生涯無子はこれから増える

それでは中国や韓国はどうかという疑問もあるだろう。両国とも日本と同様に激しい少子化が進んでいることが知られている。合計特殊出生率で見ると、中国は2022年に1・09、韓国は2023年に0・72と、日本の1・26を下回る。ただし、両国とも日本よりも少子化が本格的に始まった時期は遅い。そのため、50歳を迎え「生涯無子」とみなされる人はまだ少ない。

図表3-5 日中韓の合計特殊出生率

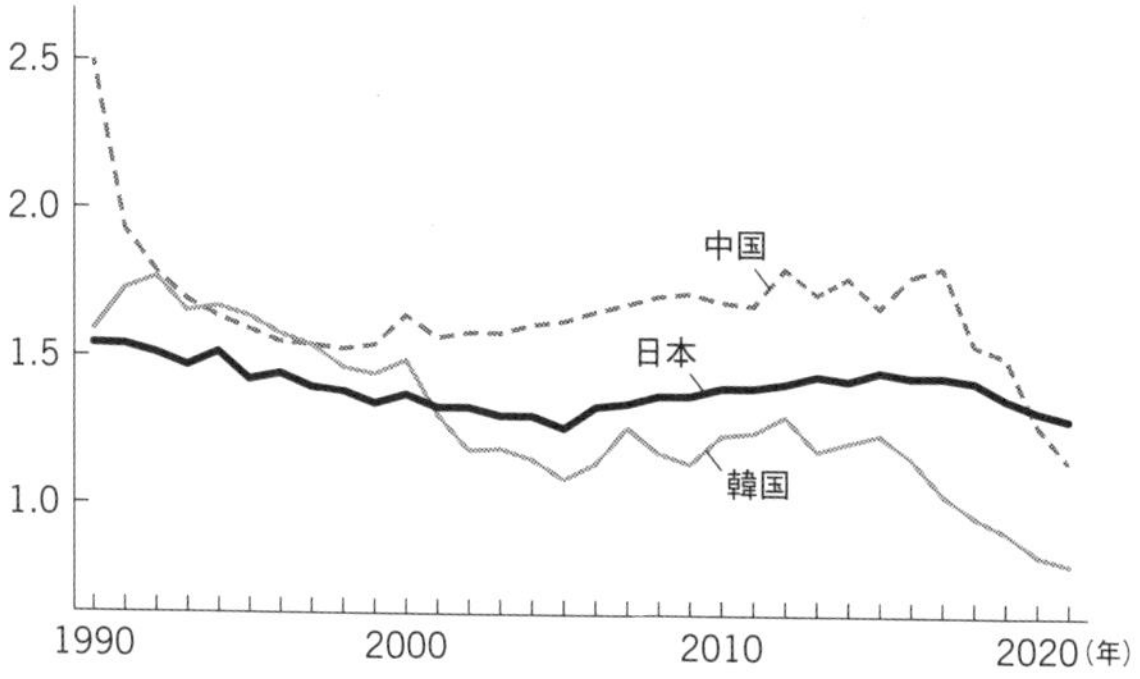

（出所）OECDデータベースより作成

中国は合計特殊出生率が1・5を割り込んだのは2020年から。中国国内の研究によると、2020年時点のデータでは、49歳女性の5・16％が無子だという。これは10年前の調査に比べ、4倍に急増しているが、日本と比べるとかなり少ない。無子率が高いのは、高学歴の女性や都市部、東北地方に住む女性に多いという。

韓国では、2000年ごろから出生率が低下し始めた。1970年代後半生まれの女性の生涯無子率は19％。今後さらに増えるとみられるが、日本の方が先に、子供を持たないまま高齢期を迎える人が多い社会に直面することになる。

シンガポールや香港といった都市・地域を見ると、日本並み、または日本を上回る無子化が進んでいるところもある。

シンガポールでは1972年生まれの女性の26％が生涯無子だった。シンガポールでは結婚している女性でも子供を持つ人が減っている。1940年代前半生まれの既婚女性では、子供のいない割合は3％だったが、1970年代後半に生まれた既婚女性では14％に上昇した。

香港では1972年生まれの女性は、35％が生涯無子だった。

ただし、シンガポール（人口約560万人）、香港（同約730万人）とも日本（約1億2500万人）と比べると極めて小さい都市国家であり、単純比較は難しい。

東アジアは世界で最も子供を持たない地域になりつつあることは間違いないが、日本はその中でも、トップランナーとして未曽有の無子社会に進もうとしている。

未婚と無子の関係

ここで少し未婚と無子の関係について触れておきたい。日本では現在、ほとんどすべての子供が結婚の制度内で生まれてくる。

婚外子（結婚しない状態で生まれてくる子供）は、明治期には10％近くいたものの、戦後は急激に減少し、現在は2％強にとどまっている。

子供ができたら結婚する、子供を持つなら結婚してから、という意識が令和の日本にも強く残っている。そのため「無子」を考えることは、ほぼ「未婚」の問題を考えることに近い。

結婚しても子供を持たない夫婦もいるが、その割合は最新の調査でも7％強。つまり9割以上の夫婦は子供を持っていることになる。

ただ、少しずつではあるが、その割合は増えてきているのでこれはこれで無子化の大事なポイントでもある。

一方、欧米では「結婚」という制度は子供を持つ上での選択肢の1つでしかなくなってきている。フランスで6割、英国でも5割近くが婚外子で、年々その割合は増加している。

これは1970年代以降、結婚しないカップルへの権利拡大などが進んだことが背景にある。そのため「既婚」か「未婚」かの分別が、「子供がいる」か「子供がいない」かの分別の指標にはならなくなっている。

どのような人たちが子供を持たないのか

子を持つことの社会階層化が進んでいる

話を無子化の進展に戻そう。日本の無子の突出について考える際、子供を持たない人がどれだけ増えるのかという問題のほかに、誰がそうなるのか、という問題もあるだろう。

近年、子供を持たない人が急速に増える中で、この問いに答えるのはいっそう難しくなっていると思う。人それぞれに多様な人生の背景があり、子供を持たない人をひとくくりに「無子とはこういう人たちです」と断言するのは無理がある。

先述した戦後の日本社会の変化についても「自分は違う」と思う人は多いだろう。近年はさらにライフスタイルが多様化する中で、無子の背景もより複雑になっている。筆者の周りにも多くの子供を持たない人がいるし、取材でも多くの人に出会ったが、その理由や受け止めは様々で、このような分析を行っている自分自身が愚かに思えてくる。

ただ、人はそれぞれが唯一の存在であると同時に、誰しもが社会のどこかに位置づけられる存在でもある。あえてマクロの視点から「誰が無子になるのか」という問いに向き合ってみると、1つのある傾向が見える。

それは無子の社会階層化が進んでいるということだ。子供を持つかどうかが、所得に左右される傾向が強まっている。富める人ほど子供を持ち、貧しい人ほど子供を持たなくなってきている可能性がある。

所得と結婚の密接な関係

それを示すいくつかのデータを紹介したい。

厚生労働省の2022年の国民生活基礎調査で、児童がいる世帯の所得分布を2011年と2021年で比較すると、600万円未満の世帯が大きく減っている。

特に男性は、所得が低いと結婚しにくい。総務省の2022年の就業構造基本調査を基に、年収別の生涯未婚率（45~49歳、50~54歳の未婚率の平均）を算出すると、男性の場合、前回2017年の同調査より、年収500万円未満の所得階層で生涯未婚率の上昇幅が

図表3-6　児童がいる世帯の所得分布

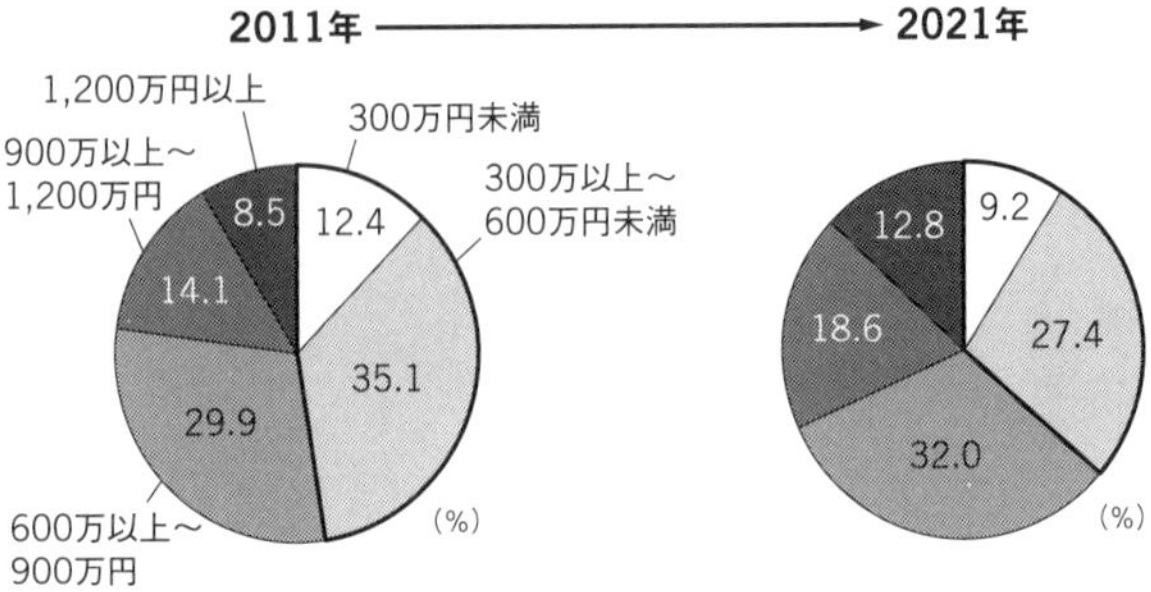

（出所）国民生活基礎調査（2022年）を基に作成

図表3-7　男性の所得階層別の生涯未婚率
（45〜49歳、50〜54歳の平均）

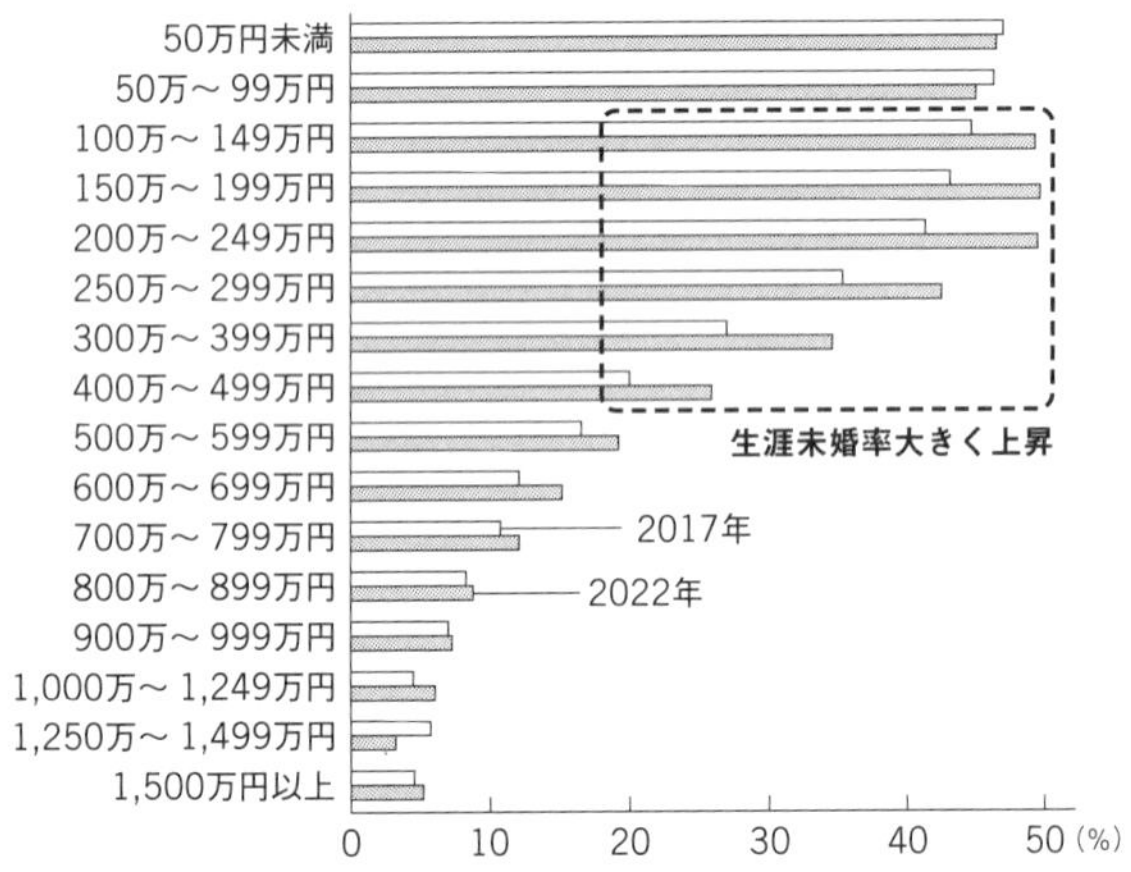

（出所）就業構造基本調査（2017年、2022年）を基に作成

大きい。

日本では男性が主たる稼ぎ手となり、女性が主に家事育児をするという性別役割分業の意識が強く、男性は結婚の際に経済力を求められる傾向がある。男性の賃金が上がらない中で、経済的な観点から結婚相手として選ばれない傾向が強まっている可能性がある。

女性も経済力が求められる時代に

近年は女性についても経済力が結婚や出産に影響するという見方もある。「出生動向基本調査」では、独身男性が結婚相手に求める条件で「経済力」を挙げる割合は、1992年調査の26・7%から2021年は48・2%へと大幅に増えた。

南デンマーク大学研究員の茂木良平氏の研究では、非正規雇用や無職の女性の方が、正社員の女性よりパートナーを持ちにくかった。茂木氏は取材に対し「女性に経済力を求める男性が増えたことが背景にあるのではないか。非正規や無職の女性はそもそも希望する男性に出会いにくい可能性もある」と話す。日本労働組合総連合会（連合）が2022年に実施したアンケート調査でも、初職が非正規雇用だと子供を持つ割合が低かった。

2010年ごろから高学歴女性の方が結婚しやすくなったり、子供の数が増えたりする傾向にある、という研究や統計も出てきている。

これまで高学歴女性は仕事と育児の両立が難しかったが、この数年で大企業では両立支援などが進んできた。女性への負担の偏りやキャリア形成などの課題をなお残しつつも、以前より産みやすい環境が大企業では整ってきている。

筆者の体感としても、大企業に勤める現在の20代女性は早く結婚して、複数の子供を持ち、それを前提にキャリアを築いていくケースが多い。男女ともに育休の取得は会社から奨励され、復帰後の働き方も在宅勤務を選べるなどある程度柔軟になってきている。裕福な祖父母が「孫育て」を手厚くサポートしてくれる場合もある。

欧米の2倍の無子率に到達するシナリオも

日本でこれから子供を持たない人がどのくらい増えるのだろうか。大きく2つのシナリオが考えられるだろう。

一方の道は、他の先進国と同様に無子率の上昇が頭打ちになっていく道筋。そしてもう一方は、さらに無子大国へと突き抜けていく道だ。

1つ具体的な長期予測を出しているのが、国立社会保障・人口問題研究所の将来人口推計だ。2023年8月に刊行された「日本の将来推計人口」に掲載された推計では、2005年生まれの女性（2023年に18歳）の場合、子供を持つ人が最も少ないという仮定（低位仮定）では50歳時点無子率は42％になる。中ごろの仮定（中位仮定）では33・4％、子供を持つ人が最も多いという仮定（高位仮定）では24・6％としている。

低位仮定か、中位仮定か、高位仮定かでずいぶんと未来が変わる。どちらに進むのかはわからないが、現在の合計特殊出生率は、過去の推計の低位仮定に近い水準で推移している。無子率も低位仮定に近くなる可能性はある。

たとえ、中位仮定だとしても3人に1人は、子供を持たない人生を送ることになる。マイノリティではあるが、決して小さい集団ではない。

男性の場合、女性より未婚率が高いことから、およそ1割程度、生涯無子率も高いと見られる。男性では最大4～5割ほど、2人に1人程度が子供を持たない可能性があるということだ。

これまで見てきたように、欧米の主要国では現在、無子率は高い国でも15～20％程度。さらに上昇率は落ち着きつつある。欧米がこのまま推移し、もし日本の無子化の勢いが止まらなければ、日本は欧米の2倍もの無子率になることになる。

そもそもセックスしたくない？

社会的課題としてのセックスレス

最後に少し視点を変えて、子供を持つ未来について考えてみたい。

当たり前のことだが、子供を持つか持たないかの前提には人と性交渉するかどうかという問いもある。性交渉は極めてプライベートな事柄であり、個人の心理的問題としては捉えられても、社会的課題として捉えられることは少ない。

だが、筆者はあえて少子化や無子化に関わる社会的な問題として「セックスレス」を捉えてみたいと思う。まず少子化への影響だ。

子供を望む30代既婚者でも37%がセックスレス

何をセックスレスと捉えるかは人によるものの、日本性科学会の定義をかいつまむと「特殊な事情がないのに性交渉が1カ月以上なく、長期にわたりそうな場合」となる。

国際基督教大学教授の森木美恵さんらは、2010年の全国調査（20～59歳の男女9000人を対象）を基に配偶者との性交渉などを分析し、2022年に論文にまとめた。それによると、配偶者と性交渉が1カ月に1回未満だった割合は45%。およそ半数の夫婦がセックスレスだ。子供がほしいと考える回答者に限っても20代で22%、30代で37%、40代で50%がセックスレスだった。

特に第2子を望みながらもセックスレスという人の割合が高い。20代で40%、30代で48%、40代で67%だった。森木さんに取材すると、背景として「文化的には日本人は子供と『川の字』で寝ることに家族の幸せを感じ、夫婦関係より子供が中心になりやすい」と指摘。「社会的には共働きなどで忙しく精神的な余裕がないといった影響もある」とみる。

図表3-8　「子どもがほしい」人の、ここ1年の配偶者との性交渉の頻度

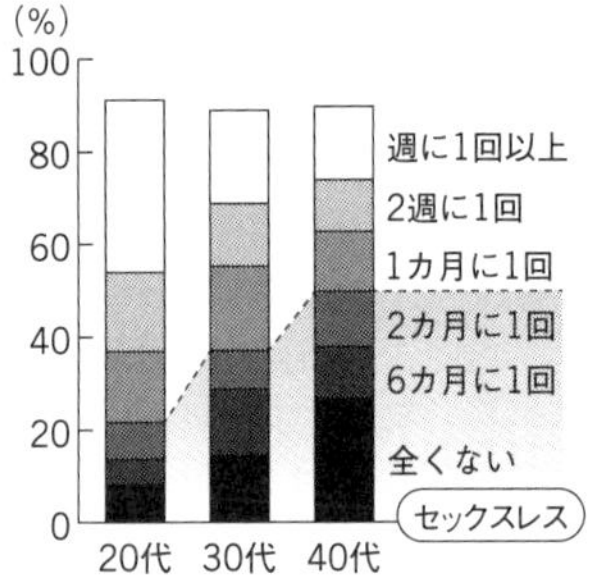

図表3-9　2人目を希望しながらセックスレスの人が多い

（子どもがほしい人の既存の子ども数別のセックスレスの割合）（%）

既存の子ども数	20代	30代	40代
0人	14	35	45
1人	**40**	**48**	**67**
2人	19	40	55

（注）国際基督教大学の森木教授らの論文から作成

性交渉はプライベートの領域であり、その有無は個人の幸福とは必ずしも関係ない。子を持つかどうかも個人の自由だ。ただ、心の奥底で望みながらもできない背景には社会的な課題も横たわる。

その1つが長時間労働だ。東京大学教授の玄田有史氏らは、労働時間が長くなると既婚者の性交渉が少なくなると分析する。特に女性はその傾向が強く、男性より仕事のストレスを強く受けている可能性があるという。

日本の有償労働時間は先進国で最も長い。一般に女性には家事などの無償労働も多くのしかかる。日本人の余暇時間は主要7カ国（G7）で最も少ない。

不妊治療を手がける、はらメディカルクリニック

（東京・渋谷）の臨床心理士、戸田さやか氏に取材すると「男女とも仕事や育児で時間がなく、性交渉の優先順位は下がっている」と話す。住居が狭い場合、第1子がいると性交渉しにくい人もいるという。

この数年は「性交渉にこだわらず不妊治療で子供を授かろうと相談に来る人は増えている」（戸田氏）そうだ。不妊治療は2022年から公的保険適用の対象になり、受診のハードルは下がった。ただ、すべてのカップルが不妊治療に取り組むわけではないので、セックスレスの幾分かは少子化につながるとみられる。

膣内で射精できない

夫婦で性交渉を持っても、出生につながらないケースも増えているもようだ。「妻の膣内で射精できない男性がこの20年ほどで増えてきた」と話すのは、聖隷浜松病院リプロダクションセンター（浜松市）のセンター長で医師の今井伸氏だ。今井氏に取材すると、同センターで受ける男性不妊の相談のうち、1割程度が膣内射精障害だという。

今井氏によると「床にこすりつけるなど不適切な自慰行為や、過激なアダルトコンテンツに慣れてしまっていることが主な原因」だ。その背景に「適切な性教育の不足」があると指摘する。

妻の排卵日に射精しなくてはいけないというプレッシャーから勃起不全になるケースも多いという。「性交渉は相手とのコミュニケーションも含めた複雑な行為で、射精も容易なことではないと男女とも理解する必要がある」と今井さんは強調する。

実際に、夫婦が持つ子供の数は減っている。国立社会保障・人口問題研究所の出生動向基本調査によると、夫婦（妻45～49歳）の平均出生子ども数は２０２２年以降に低下し、２０１５年に初めて2人を下回った。その底流に長時間労働や性教育など社会的な課題が潜んでいる可能性がある。

30代でも2割が処女・童貞

そもそも、未婚者も含め、日本人は性交渉に消極的という分析もある。

スウェーデンのカロリンスカ研究所准教授で医師のピーター上田さんらの２０２２年調査によると、生涯で一度も性交渉のパートナー（プロを除く）がいない日本の30代は、男女とも2割近くいた。いわゆる「処女」「童貞」に該当する人々だ。

上田さんによると、欧米では性交渉のパートナーがいたことがない30代は1～2％程度。子供を持つには基本的には性交渉をし、妊娠を成立させる必要がある。上田さんに取材すると「その行程に一歩も踏み出していない日本人が多いという驚きは大きい」と話す。

性交渉の有無をどう考えるかは個人の自由だが、少子化という観点でみると、その根は思いのほか深い。

欧米でもセックス離れの声

世界的にも日本人は性交渉の頻度が少ない。コンドームブランドのデュレックスが2005年に41カ国で調べた年間回数で、日本は最下位だった。前述のピーター上田さんらの研究でも「過去1年に性交渉が全くない」人が、20～30代の男女で4～5割いた。

ただ、今後は世界が「日本化」する可能性がある。上田さんは「欧米でも近年、若年層でセックス離れが指摘されている。日本はその10年先を走っているのでは」と話す。

図表3-10　日本人の性交渉の頻度は世界的に見ても少ない（年回数）

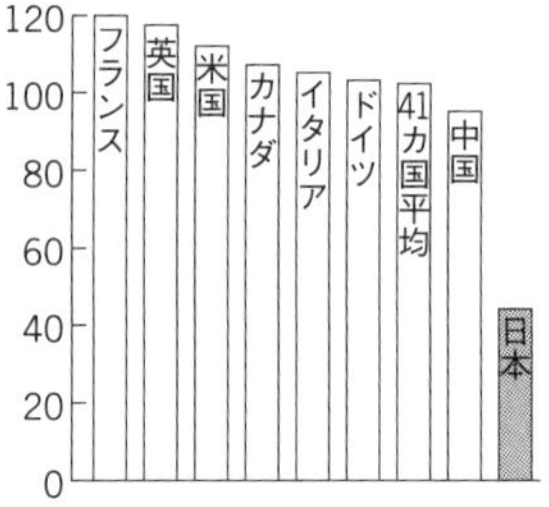

（出所）デュレックスの2005年調査から著者作成

聖隷浜松病院リプロダクションセンターの今井さんは「以前は国際学会で日本の状況を話しても、早く射精してしまう問題はあれど、膣内で射精できない問題など本当に存在するのかという受け止めだったが、最近は変わってきた。若い男性の性機能もアダルト動画を見るほど低下することが世界各国で報告されている」と話す。

昨今はインターネットにアダルト動画が大量に出回る。性関連用品のＴＥＮＧＡヘルスケア（東京・中央）の２０１７年の調査によると、日本人男性が自慰行為に用いる素材は、圧倒的にアダルト動画が多い。「ネット環境などが整った２０１０年頃から特に普及したとみられる」（同社）という。

自慰行為は「30年で激変した。若い世代はスマホで動画を見ていて、特に刺激の強いシーンだけを無料で閲覧できるため、通常の性交渉で満足しにくくなりやすい」(同社)と懸念する。性を取り巻く環境の変化も、少子化や無子化の一因なのかもしれない。

時代によって変わる無子の背景

子供を持たない人は時代によって増減の波を繰り返してきた。不況や戦争によっても子供を持つか持たないかは左右されてきた。

近代化の中では価値観やライフスタイルの変化によって子供を持たない人も増えた。日本も欧米を追うように社会が発展する中で、子供を持たない人が増えてきた。

ただ、近年は欧米を追い越し、突出して子供を持たない人が増えている。これは近代的な価値観の変化というだけでは説明できないだろう。

女性が子育てをしながら働きにくい構造を残したまま、男女ともに経済的困窮という新たな問題が覆いかぶさってきている。もはや日本では子供を持たないことは珍しいことではなくなる。子供を持たないという人生を送る人が世界で多い国になる。次章では、私たちはこの現実をどう受け止めるかを考えていく。

第4章
無子化と私たちの未来

社会保障はどうなる?

無子化やそれに伴う少子化に、社会や個人はどう向き合っていけばよいのだろう。この章では、社会保障や身元保証、孤独などの問題を識者と共に考えていきたい。

「家族がいなくても安心できる老後」は手に入るのか

人口減少に備え独身税が必要だ――。これまでも述べてきたように、そういった議論は常にある。最近でも英国の著名な人口学者ポール・モーランド氏が独身税を提案し、物議を醸した。背景には子供を持たない人が増え、人口が減ると国家が維持できないという危機感があり、中でも社会保障制度への懸念は大きい。

子供を持たない個人の観点から見るとどうだろうか。日経新聞の2023年2月のアンケートで、子供がいない人に「子供がいなくて困っていること、不安なこと」を複数回答で聞いたところ、「ない」が48%で最も多かった。これは個人にとってはうれしい結果である。

**図表4-1　子供がいなくても「困ることはない」が最多
（子供がいない人に聞いた、子供がいないと困ることや
不安に思うこと）**

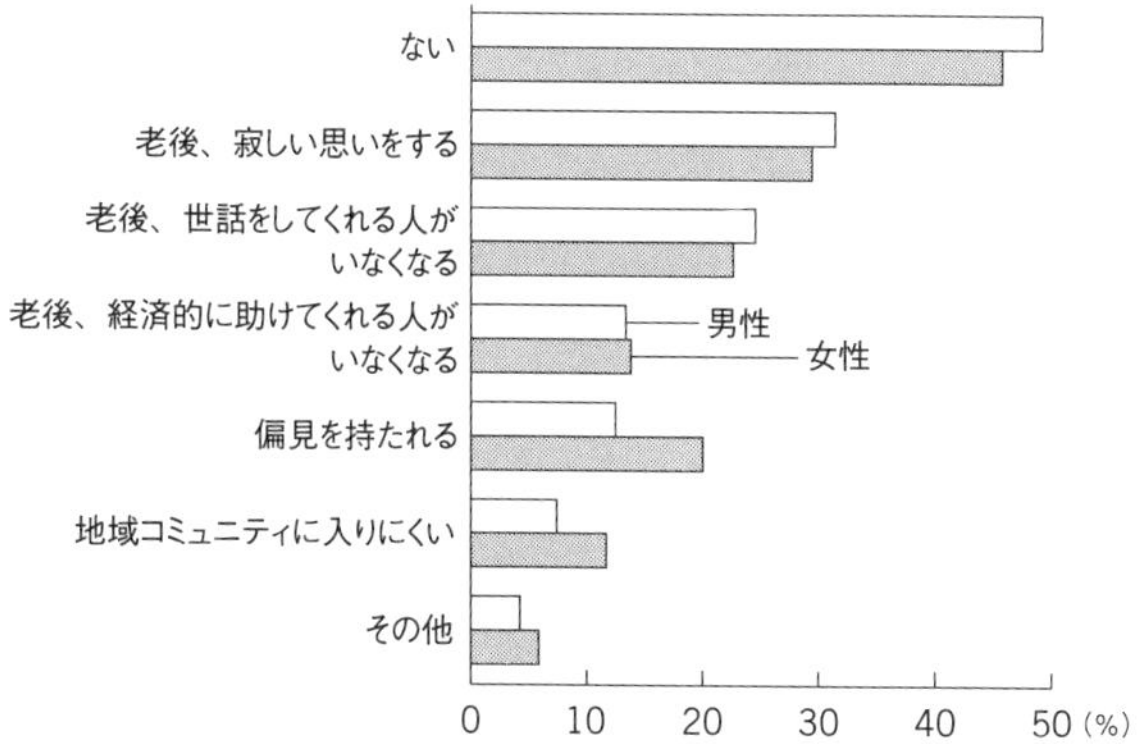

（注）複数回答
（出所）日本経済新聞社

　ただ、老後の孤立や世話への心配を合計すると、「ない」を上回った。年齢が高くなるにつれ老後への不安は大きくなる。子供がいない人に「社会に望むこと」を複数回答で聞いたところ、中高年世代では「家族がいなくても安心できる老後の政策」が多かった。

識者と考える少子化・無子化 3

社会保障はどうなっていく？

▼小塩隆士●一橋大学　教授（公共経済学）

子供がいない人が増える中で、社会保障制度の維持と、子供がいない老後についてどう考えたらよいのだろうか。一橋大学の小塩隆士教授（公共経済学）に取材で話を聞いた。

――子供を持たない人が増えています。

「社会保障制度は主に若い世代が高齢者を支えることを想定していて、子供が増えていかないとうまく維持できない。一方で、年金や介護保険などが充実して自分の老後を社会が支えてくれるとなると、子供をつくる必要性が薄れていく。一番極端な例が、子供がいない人の増加だ。これは当然の帰結といえる」

――それでいいのでしょうか。

「冷たい言い方をすれば、子供を持たない人は次世代が支える社会保障にフリーライド（ただ乗り）していることになる。だが、これは人間の自然な姿じゃないかと思う。制度があれば自分にとって最も良い形で使うというのは合理的だ。その人が悪いわけではない。社会保障制度は、自分で自分の首を絞める仕組みを内包しているということだ」

――どうしたら維持していけますか。

「政府が介入する必要がある。保育サービスや児童手当の拡充、教育費の無償化などで、子供を持つ負担を減らすことがその代表例になる。シングルマザーでもシングルファーザーでも事実婚でも里親でも、ライフスタイルにかかわらず次世代を育成している人は支援するようにする」

――独身税を取ればいいという議論も時々出ます。

「独身かどうかは議論の対象にすべきではない。あくまでも子供の有無で考えるべきだろう。むしろ今の日本には、年金では会社員の妻は保険料を納めなくてよい『第3号被保険者』制度があったり、税では年収が一定以下の妻がいると『配偶者控除』を受けられたりする。こうした結婚しているだけで負担を軽くするような制度はなくしていくべきだ。そこで出た財源を次世代の支援に回せればなおよい」

――子供を持たないまま高齢期を迎えて、本人は心配ないでしょうか。

「今のままでは危ういと思う。例えば介護では、配偶者も子供もいない単身者は早期に施設に入る必要がある。しかし厚生労働省は『施設から在宅へ』を掲げて、介護施設をほとんど増やしていない。医療機関や介護事業者、自治体などが連携して高齢者を地域で支える『地域包括ケア』を進めるというが、それは家族が中心となって支えることを前提としていないか。単身者の急増に対応できるのか疑問がある」

――対策は進んでいないのですね。

「今はまだ子供を持たない人の多くが元気だったり、親と同居していたりして、問題が発生していないから役所はあまり対応する気がない。しかし、今40～50代の就職氷河期世代で、安定した雇用につけず、年金保険料を十分に払ってこなかった単身者が高齢になったとき、様々な問題が顕在化するはずだ。ある程度の収入を得て働いてきた人でも、一度けがや病気で働けなくなれば、突如不安定な生活に落ち込むリスクもある」

――金銭面に限れば、最後のセーフティーネットとして生活保護があります。

「生活保護は本来、緊急避難的に生活を支援する制度だ。自立が難しくなる高齢期の生活を、長期にわたって支援する仕組みとしてどこまで期待できるか。財源も税金で、毎年予算折衝して総額を決める不安定な制度だ。受給したいという人が急増したときに、対応できるのか。今、子育て予算をめぐっても、消費税率を上げるのは避けようとなっている。生活保護のために増税できるのか。結局、国債を発行して負担を次世代につけ回すという対応になるのではないか」

――どうしたらよいでしょうか。

「年金では、非正規で短時間労働している人にも被用者保険に入ってもらう方向の改革が進んでいる。これは単身で比較的不安定な働き方をしている人が、年金を増やすことができる良い考えだと思う。それでも抜け落ちる人はたくさんいるだろう。年金、医療、介護、生活支援などすべての分野で、家族がいない場合でも不利にならないように、どのようなセーフティーネットを築いていくか。財源と共に早急に議論を進めるべきだ」

おしお・たかし　専門は公共経済学、社会保障。厚生労働省中央社会保険医療協議会会長も務める。経済企画庁（現内閣府）などを経て現職。

※インタビューは2023年6月に日経電子版に掲載した

単身高齢者女性の約半数が生活保護レベルに

子供を持たない単身者の増加と、貧困の問題は重なり合う部分がある。

2020年11月、東京・渋谷区のバス停で、大林三佐子さん（64）という1人の女性が亡くなった。コロナ禍の影響で試食販売の仕事を失い、アパートにもいられなくなり、バス停で夜露をしのいでいた。所持金はわずか8円だったと報じられている。近くに住む職業不詳の吉田和人容疑者（46）により、頭部を殴打され死亡した。

この事件の背景の1つにあるのが、単身女性の貧困だ。任意団体「わくわくシニアシングルズ」が2022年に、40歳以上の単身女性2345人を対象にアンケートしたところ、正社員は半数以下、半数は年収300万円以下だった。アンケートでは、住居に不安を覚える人が多かった。

単身女性の老後の見通しは厳しい。国際医療福祉大学大学院・稲垣誠一教授の将来予測によると、2050年ごろには未婚または離別した65歳以上の単身女性の約半数が、生活保護レベル以下の収入になるという。

女性の場合、非正規雇用で働く人が男性と比べて多い。賃金は低く、安定しない。日本は、「正社員で主たる稼ぎ手である夫と、非正規で働き家計を補助する妻」を想定した社会になっている。非正規で働く女性が1人で自立して生きていくのが難しい。大林さんの事件の後には、彼女の境遇に自分を重ねる女性たちの声が広がった。

高齢者の4人に1人が賃貸住宅の入居を拒否される

大林さんの事件は住宅というセーフティーネットの脆弱さも示した。特に所得が低く、不本意な形で賃貸住宅での生活を続けてきた人にとって、一度働けなくなれば収入が途絶え、途端に家賃が払えなくなる。

高齢者専門の不動産仲介をしているR65不動産が2023年に実施したアンケート調査では、高齢者の4人に1人以上が、年齢を理由とした賃貸住宅への入居拒否を経験していた。そのうち5回以上断られた経験がある人が1割強いて、収入による差はなかった。つまりどのような人でも高齢期に住宅に困る可能性があるということだ。

欧州では、年金や医療などと同様に「住宅」も社会保障の柱の1つとみなされている。欧州の多くの国では公的な住宅手当があるが、日本にはない。持ち家政策のもとで新築はどんどん建つのに、良質な公営住宅は不足している。

高齢者や低所得の人など住宅を借りにくい人を支援する「居住支援法人」制度も2017年から始まっているが、安定しているとは言いがたい。現在約600法人あるが、5割が赤字だ。

ある居住支援法人の経営者は、「大家さんに『この人は身寄りはいなくても何かあれば助けてくれる知人がいます』とか『この人は自殺しません』とか1件1件説明する必要があるなど、手間がかかる割に収入が少ない。赤字でも善意でやっている法人が多いのではないか」と話す。

総務省の住宅・土地統計調査によると、40〜49歳の持ち家率は、1983年の8割から、2018年には6割に低下している。日本では結婚や子供を持つことと家を買うことが強く結びついている。住宅資産を築けないまま高齢期を迎える人は今後増える。

高齢者の身元保証はどうなる？

誰が葬儀をしてくれるのか？

貧困や住宅困難者でなくても、独り身で多くの人が高齢期の生活に不安を抱えている。年老いて動けなくなったときに、どうしたらよいのだろう。病院に一人で通えるのか、介護施設に入れるのか。その手続きは誰がやるのか。残った家やモノはどうなるのか。葬儀は誰がやるのか。体が動かなくても頭がはっきりとしていればいいが、認知症になったら何もかもどうしたら良いのか……。

つまり身寄りがない場合、誰が家族代わりをするのか――。これが無子社会を考える上での1つの重要なポイントになる。少し長く検討したい。

図表4-2　身元保証・高齢者支援サービスの主な内容

身元保証サービス

病院や介護施設への入院・入所の際に、手続きの代理や連帯保証など

日常生活支援サービス

病院への送迎や付き添い、買い物への同行、家具類の処分、税金の申告手続きの代行など

死後事務サービス

死亡の確認、関係者への連絡、葬儀に関する事務、ライフラインの停止、墓地の管理など

身元保証・日常生活支援・死後事務の3つのサービス

不安に応える民間サービスも出てきている。身元保証サービスや高齢者支援サービスと呼ばれるものだ。すでに日本では単身の高齢者が増え、近年需要が急増しているのに合わせ、雨後のたけのこのように事業者も増えているが課題も多い。

国民生活センターに寄せられた「身元保証等高齢者サポートサービス」に関する相談は２０２２年度に１９４件。２０１７年度は72件だったが、近年増加傾向にある。高齢者ばかりではなく、50代からの相談もあるという。

身元保証・高齢者支援サービスには、大きく３つ

の分野がある。

①　身元保証サービス：病院への入院や、介護施設への入所の際に、手続きを代理してくれたり、連帯保証をしてくれたりするもの

②　日常生活支援サービス：病院への送迎や付き添い、買い物への同行、家具類の処分、生活費の管理、税金の申告手続きの代行などをしてくれるもの

③　死後事務サービス：死亡の確認、関係者への連絡、葬儀に関する事務、ライフラインの停止、墓地の管理などをしてくれるもの

事業者の危うい実態

総務省は2023年8月、これらの身元保証・高齢者支援サービスに関する全国調査を発表した。そこからは極めて危うい状況が浮かび上がる。

まず従業員は20人以下がほとんど。従業員5人以下が6割だ。それが2010年ごろから急増していき、事業を始めてから10年に満たない事業者が約8割にのぼる。ごくごく小さな集団が急速に広がっている。事業者の母体も、介護サービスや葬儀、不動産、宗教法人、ボ

ランティア団体など様々なバックグラウンドを持つ。

契約に関する「重要事項説明書」を作成していない事業者が8割。契約を結ぶ際にも、家族や病院関係者、ケアマネジャー、弁護士など第三者の立ち会いが必要な事業者は7割にとどまり、そのほかの3割は状況が不明だ。その結果、軽度認知症の高齢者が、内容をよく理解しないまま契約してしまうという事例もある。

事業者がサービスをする際に必要になる費用をあらかじめ事業者に預けておく「預託金」制度を設けている事業者が8割近い。その管理方法は様々で、事業所内の金庫で現金で管理されていたり、法人代表の個人名義の口座で管理されたりされている。

判断能力が不十分になった場合の財産管理の取り扱いに関する規定もない事業者が4割超。利用者の判断能力が不十分になったときに、必要な手続きが取られていない事例がある。ある事業者は取材に対し「認知症になっても、適切な手続きを取らないで財産を使う事業者もいる」とみる。

利用者が亡くなった後、契約したサービスがしっかり実行されたかの担保に関する規定がない事業者が2割超いる。契約の解約時の返金に関する規定も2割超の事業者が設けていない。

監督省庁もない

身元保証、日常生活支援、死後事務を組み合わせて提供する事業者が多いが、そのサービス内容や料金体系はバラバラで比較が難しい。ただ、少なくとも100万円以上はかかる事業者が多いようで、収入の少ない人は利用が難しい。生活保護を受けるほどではないが、経済的に苦しいといった人たちの受け皿がない。

事業者自身からも「新規参入しやすい業界で、十分な経験や知見もないまま、料金の安さと契約のしやすさを売りにして新規契約者を獲得しようとする事業者が増えてきている」「口頭契約で契約書を作成せず、解約もさせてくれないという利用者の声があり、劣悪な事業者が存在することを認識している」という意見も出ている。

なんらかの規制や登録制度があるのが望ましいが、現在のところ監督省庁もない。利用者が現時点でできる安全への対応策を、身元保証に詳しい日本総合研究所の沢村香苗研究員に取材したところ「いきなり事業者を訪ねるのではなく、地域包括支援センターなどまず公的な窓口に相談する。契約の際には友人でもよいので誰かに付き添ってもらい、自分と事業者の2者だけの関係にならないことが大切だ」と助言してくれた。

身元保証人を求める病院や介護施設

日本では法律などで、身元保証人がいないことで病院が入院を拒否したり、介護施設が入所を拒否したりしてはいけないことになっている。だが、現実には9割以上の病院・介護施設が入院・入居者に身元保証人を求めている。身の回りの世話をしてくれる人の確保や、料金の未払いを避けたいという心理が働いている。病院や介護施設の被る負担を無視できない一方で、税金や社会保険料を払い続けてきた人が、身寄りがないだけでサービスを受けられない国で良いのだろうか。

当事者の需要も増えている。国勢調査によると、単身世帯は1980年には2割弱だったが2020年には約4割、約2115万世帯にのぼる。

ある事業者は取材に対し「家族がいても海外にいたり、離婚して疎遠になっていたりしていて、家族＝頼れる存在ではない人が増えている」と話す。

今後は、さらに子供がいないという世帯も増えていく。

識者と考える
少子化・無子化
4

身元保証はどうなっていく?

▼沢村香苗●日本総合研究所研究員

日本における身元保証が抱える問題とは。単身高齢者にまつわる問題に詳しい日本総合研究所研究員の沢村香苗氏に取材で話を聞いた。

――日本で身寄りがないまま高齢になると生活に困難がありますか。

「医療や介護サービスを受けたり、死後の事務処理を済ませたりするには、様々な意思決定や手続きをしなくてはいけない。かつては慣習や自治体の措置に従っていればよかったが、今は本人の意思を尊重することが重要になっている。本人が判断できなくなったら家族が代わりに判断するという暗黙の了解があるため、身寄りがないとサービスを受けられない」

――総務省の調査では、病院や介護施設の9割以上が、入院・入所の際に「身元保証人」を求めています。いなければ「お断りする」が約15％にのぼります。

「身元保証人という名称でなくても、ほとんどの病院が本人以外の保証人を要求しているのが現実だ。救急車で病院に搬送しても、身寄りのない人は断られるという話もある。受け入れてくれる施設の中には、身寄りがないのをいいことに不必要な医療をするような場合もあるようだ」

――お金のあるなしにかかわらず、身寄りのない人が直面する問題なのでしょうか。

「そうだ。むしろ生活保護受給者であれば自治体のケースワーカーがいるし、各種の扶助があるので支払いに対応しやすい。お金があって身寄りのない人の方が、何かあったときに、その人が持ち込んだお金の処理をどうするかなど、病院は困ることが多い」

――なんとかやりくりしているのが現状のようですね。

「入院して動けないがお金をおろさないといけないような場面を想像してほしい。今は病院のソーシャルワーカーが、暗証番号のメモを持って、不正を防ぐために2人がかりでお金をおろしに行くようなこともある。特例でなんとかできても、身寄りのない人が増える中で、これ以上は無理というギリギリ感が現場にはあるようだ」

――いつごろから問題になってきていましたか。

「2015年ごろから、都会で単身高齢者が増えて現場が困っているという話は出てきていた。身寄りがない人の中には、子供がいても遠くに住んでいたり、疎遠だったりする。子供の仕事を邪魔したくない、という人もいる。未婚率が上がっているのでこれからは子供がいない人が増えてくる」

――身寄りがない人向けの民間サービスも増えています。

「民間サービスは、見守りや病院への付き添いなどの生活支援のほか、入院時に保証人になったりする身元保証、葬儀などの死後事務を請け負っている。2016年に大手の日本ライフ協会が預託金の流用から経営破綻して耳目を集めた。その後も事業者は急増しているが、困ったときに呼んでも来てくれなかったとか、利用者が思っていたよりお金がかかったなどのトラブルがあっても、監督省庁すらない状況が続いてきた」

――民間サービスには限界があると考えていますか。

「家族がやってきたことをすべて民間サービスに置き換えようとすると、莫大なお金がかかってしまう。ちょっとした不調でも総合病院に行くとなると1日がかりになる。その付き添い費用を支払えるのか。電球1つ替えてもらうのも、交通費などを考えれば数千円はかかる。契約した当時は元気だった高齢者が、想像以上に動けなくなるなど、事業者自身も先行きを見通せていない場合がある」

――どうしたらよいでしょうか。

「専業主婦が担ってきたような高水準のケアは諦めるといった社会の共通認識も必要ではないか。例えば孤独死でも、最近は家で1人で亡くなっても数日以内に発見されればよいというような考え方に変わってきている。また子供がいなくても、親族の連絡先などの情報を自治体が把握しているだけで、今よりはスムーズに物事が進むと思う。死後の財産処分など具体的な終活の仕方も、指南が必要だ」

――高齢期の不安をなくすことは現役世代にとっても心理的な負担軽減につながります。

「上の世代が苦しんでいる姿を見ていては、若い世代は希望が持てない。身寄りのない人が増えていくのは事実だし、家族がいたとしても無限の支援を期待することはもはやできない。公的機関、企業、地域の資源を組み合わせて新たな仕組みを早急に作っていく必要がある」

さわむら・かなえ　精神保健福祉士、保健学博士。国立精神・神経センター武蔵病院リサーチレジデントなどを経て、現職。単身高齢者の心理や自立生活、身元保証に関する問題などに詳しい。

※インタビューは2023年6月に日経電子版に掲載した

子供を持たない生き方と心の問題を考える

子供を持たない生き方が増えることは、人々の心にも影響を与える。いくつかの「気持ち」に関わる問題を検討したい。

産んでも産まなくても、罰を受ける女性たち

「早く結婚しろ」「産めないのか」――。2014年6月18日、東京都議会で質問した塩村

文夏《あやか》議員に対しセクハラと受け取れるヤジが飛んだ。塩村議員は妊娠や出産に関する都の政策を取り上げていた。そこにヤジが複数人から投げかけられ、議場には笑い声も広がった。

これに対し、各方面から抗議が噴出したが、都議会自民党は当初、発言者を特定しようとしなかった。海外でも報じられるなど批判が高まり、同党の鈴木章浩議員だと明らかにした。鈴木議員は記者会見で謝罪したが、他の発言者は不明のまま幕引きになった。

この事件は、子供を持たない女性が時に極めて強い偏見にさらされることが日本であるということを示している。

日経新聞が2023年2月に実施した読者アンケートで、子供がいない人に聞いた「子供がいないことで困ること」の中で、男女で最も大きな性差が出た項目が「偏見を持たれる」だった。複数回答で、この項目の男性の回答率は12%だったのに対し、女性は20%だった。

第1章で示したように、男性と比べ、女性の方が結婚や子供を持つ希望が低いのに、女性の方が偏見を感じている。このねじれに、日本が抱える深刻な問題が隠れているように思う。

子供を持つことに対する女性への負担が重い。時に、子供を持つことが「自分自身」の人生の犠牲と引き換えにすることを当然視される。「たくさん産んでほしい」と国家が訴える割に、産んだ後は基本的に親の責任になる。例えば過去最高数を更新している子供の不登校への支援などは手薄のままだ。

「出社できないなら辞めてもらえる?」。筆者が取材をした40代女性は小学1年生の娘が不登校になり、家で様子を見たいと会社に相談すると退社を促された。学校からは不登校について「親に原因はないか」と聞かれ苦しんだ。他に相談しようにも「どこがよいのかわからなかった」という。

産まない女性には、何か人生でするべきことをしていないかのような視線が投げかけられる。一方で、産めば重い「自己責任」を負わされる。産んでも罰を受け、産まなくても罰を受けてしまう。そんな構造が日本社会の底にある。

そんなに悪い見方ばかりしなさんな、という意見もあるかと思う。子供の有無などなんの意識もなく楽しく過ごしている人は多いし、休日の公園に行けば幸せそうな親子があふれている。どんな社会にも光と影があり、人々はそのグラーデションの中で生きている。ただ、日本は影の底にある構造に目をこらさないままやり過ごしてきたとも言えるのではないだろうか。

子供のいない人へ吹き寄せるしわ寄せ

日経新聞が2023年2月に実施した読者アンケートの「子供がいないことで困ること」の自由回答欄には、「親からのプレッシャー」（30代男性・正社員・既婚）や「周りから子供を期待する声をかけられる」（30代女性・パート・既婚）といった外部からの干渉を挙げる人も多かった。

自由回答からは、社会が見落としがちな課題も見えた。「きつい仕事を押し付けられる」（30代女性・正社員・未婚）、「子供がいる人の仕事を代わってやらなければならない」（40代女性・正社員・既婚）などだ。

COLUMN 3

育休取得者の給与はどこへ行った？

子供のいない人へのしわ寄せ問題で、最もわかりやすいのは育児休業取得者の業務のカバーだろう。育児休業をとる人は急増している。男女合計で人数は10年間で2倍に

図表4-3　育児休業給付金の受給者は10年で2倍に

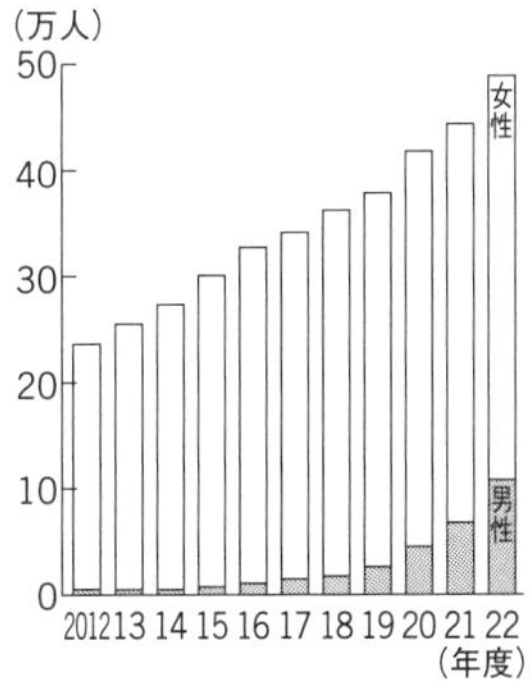

（注）初回受給者数、厚生労働省の雇用保険事業年報から作成

なった。

ここで考えてみたいことがある。育休中は会社は通常、その人の給与を支払わない。独自に試算してみると、年1兆円規模の給与が浮いているもようだ。そのお金はどこへ行ったのだろう？

育休は原則1歳未満の子供を養育するための休業制度だ。法的には労働者が働かない場合、「ノーワーク・ノーペイの原則」から会社は給与を払う義務がないとされている。そのため、育休中の人の給与は通常支払われない。

そのままでは生活が苦しくなるので、国

図表4-4　男性の育休取得率も上昇

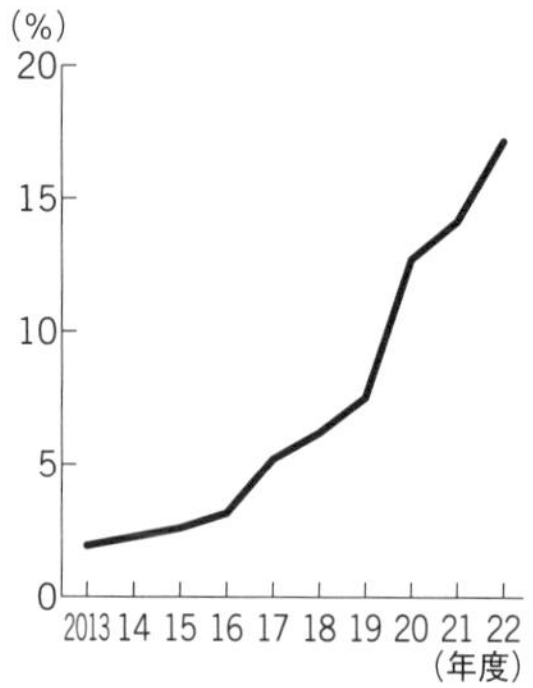

（注）厚生労働省の雇用均等基本調査から作成

の雇用保険から育児休業給付金としてお金が出る。取得から半年は休業前賃金（残業代や各種手当含む）の7割弱、それ以降は5割が支払われる。会社員から見ると、お金の出どころと金額が変わるだけだが、会社からみると支払いがなくなる。

その額はどのくらいの規模なのだろうか。厚生労働省の「雇用保険事業年報」をみると、まず2022年度の育休取得者は、女性が38万人、男性が10万人。それぞれ10年間で、1・6倍と28倍に増えた。男女合計では2倍だ。育児休業給付金の給付額は22年度で約7000億円と、10年で2・7倍に増えた。

図表4-5 育休中は会社は給与を支払わなくていい

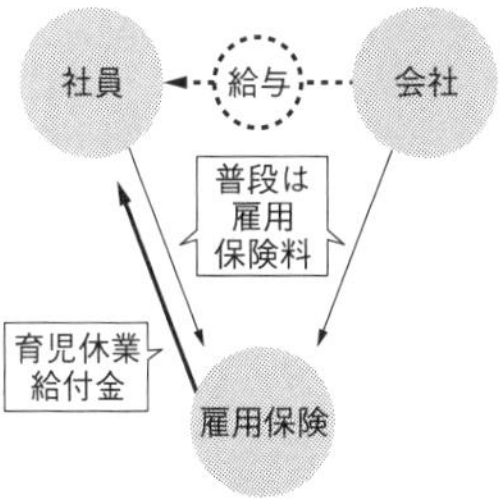

（注）厚生労働省の雇用均等基本調査から作成

給付額が賃金の5〜7割と考えると、会社がその人に払っていたはずの額は1兆〜1兆4000億円になる。育休中は厚生年金などの保険料も、育休取得者分と会社負担分の両方が免除になる。会社からすると、その人のために払っていた社会保険料分のお金も浮くことになる。

企業は雇用保険の負担を通じて育児休業給付金の一部を負担しているとはいえ、育休取得者の賃金などで単純にみると、企業の支払い負担は、ざっと1兆円以上は軽減されていることになりそうだ。

さて、このお金はどうなるのだろうか。人事労務に詳しい東京大学名誉教授の佐藤博樹氏は取材に対し「企業が得をしている。育休取得者の代替要員の配置や、業務をカバーする同僚への手当などにその財源を活用すべきだ」と提案する。

というのも、子育て当事者への支援は充実しつつあるものの、同僚への支援は手薄なためだ。厚労省の調査によると8割の企業が代替要員を補充していない。育休取得者が増えると、同僚にしわ寄せがいくことが多い。佐藤氏は「このままでは子供がいない社員などに不満がたまる」と警鐘をならす。

実際、同僚への支援を実施している企業もある。三井住友海上火災保険は、2023年から「育休職場応援手当」を導入した。育休取得者を支える職場のメンバーに最大10万円の祝い金を支給する制度だ。この原資は、育休取得者の賃金なのだろうか。

同社人事部の丸山剛弘氏を取材で訪ねると「お金に色はないので、育休中の賃金から直接出しているとは言えないが、会社としてお金を有効活用して子育て支援に注力したいという考えがある」と話してくれた。近年は不妊治療支援や家事代行サービスなど福利厚生も手厚くしているという。

そうした還元がない会社は育休取得が増えるほど得しているのか、と丸山氏に聞くと「様々な税率を含め、制度は時によって変わる。いちいちそれを『得』と捉えるかどうかは会社次第かなと……」。ただ「会社の資金をどう還元していくかを、社員にきちんと伝えることはやる気を引き出す上で大切」と話す。

中小企業はどうか。社会保険労務士の大槻智之氏は「得という感覚の企業はほとんどないだろう。そもそも常に人繰りがカツカツ。経営者からは、『育休を希望する男性がいるけど、本当に取らせなきゃいけないのか』という相談がくるような状況」と話す。

一人ひとりの職務が明確でない「メンバーシップ型」とも呼ばれる日本型雇用もマイナスに働きがちだ。大槻氏は「育休を取る人がいても『みんなで頑張ってカバーしよう』という雰囲気になりやすい。本来は余裕を持った人員計画が必要だ」と指摘する。

育休取得者が増え、賃金の支払い負担が減っても、他の社員の残業代が増えたり、売り上げが減ったりする可能性もある。一概に企業が得をしているとは言いにくそうだ。

ただ、2023年の厚労省の「労働経済の分析」によると、企業が社員に収益をどれだけ還元しているかの指標になる労働分配率は低調だ。16～20年には主要国で最も低くなっており、日本は労働者に十分に報いているとは言い難い。

育休取得者が増えるのに仕事が減らなければ、同僚の負担は重くなるだけだ。それでは取得者も肩身が狭い。男性に1カ月以上の育休を取らない理由を聞いた内閣府の2021年調査では「迷惑をかけたくない」が42%で最も多かった。

男性も9割が育休を取るスウェーデンは、大企業だと常に誰かが育休中という前提で採用をしているという。取得者も同僚も負担にならない環境づくりが必要だ。

子供を持たないことに社会はどれだけ寛容か

また子供を持たない生き方について、社会はどれだけ寛容であるだろうか。基本的には、多くの国で子供を持たない生き方が許容されるようになってきている。

国によって差異がある。欧州20カ国のデータを用いて調べた研究によると、自発的無子への賛同は、北欧・西欧諸国が最も高い。次いで南欧、そして旧共産圏の東欧諸国では賛同率が低い。例えば、デンマークでは、子供を持たないという選択を肯定する回答者が過半数を占めたが、ブルガリアでは、回答者の過半数が自発的無子を強く否定しているという。

図表4-6　「結婚したら子供を持つべきだ」に肯定的な割合

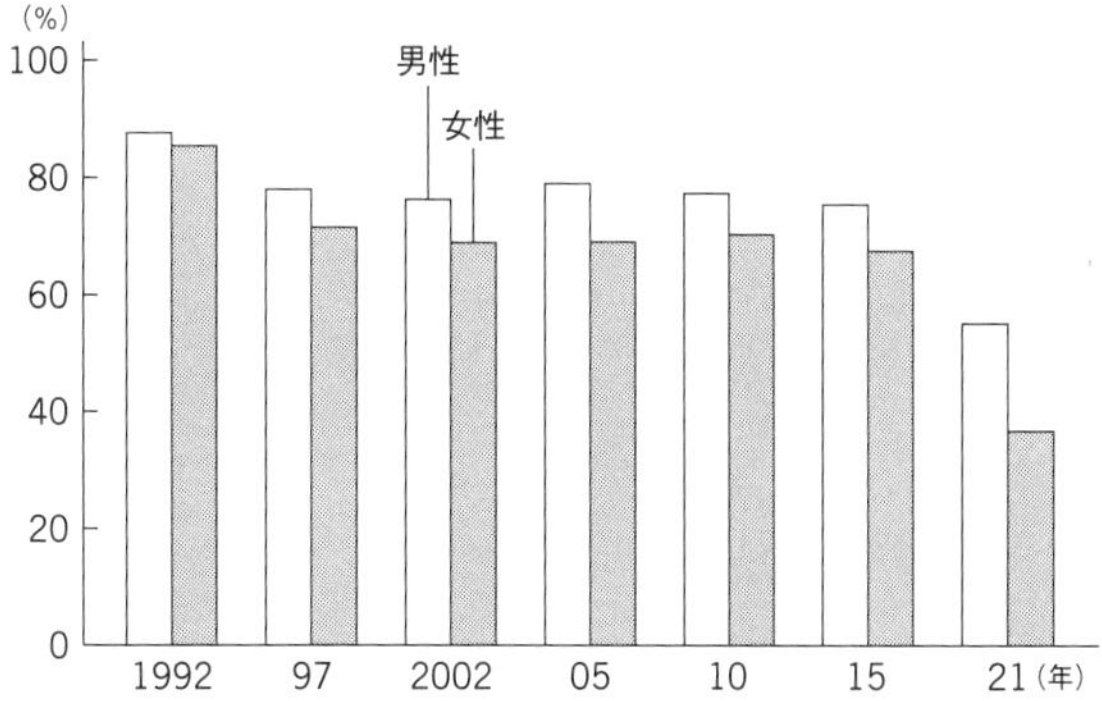

(出所) 出生動向基本調査

日本では、近い質問として、国立社会保障・人口問題研究所の出生動向基本調査に「結婚したら子供を持つべき」と思うかどうかを訪ねている項目がある。これによると未婚者では、最新の調査で「持つべき」と考える人は急減した。特に女性はかなり減った。

日本でも、子供を持たない生き方を容認する感覚が広がっているといえる。一方では、世代によって感覚が異なるともいえる。

ちなみに昔の日本では、子供を持たない人への風当たりは強かった。文化人類学者の青柳まちこ氏は『家と女性―暮らしの文化史（1985年初版発行）』で「常識的モデルから外れた女性たち」という項を記している。

独身女性の墓の上には石を吊して死後も人並みに扱わなかった北関東の例、月経のない女性を村から追い出したり離婚を迫ったりした山陰地方の例、不妊女性は死後地獄へ落ちると信じられていた例などを挙げている。

子供を持たない人の民族史は少ない。2023年に94歳の青柳氏になぜ、このような文章を残したのか取材したところ「普通は結婚して子供を産んでという暮らしに焦点が当てられるけれど、私はつい人と違うことをしてしまう」と、少しいたずらっけに話していた。

「ふとしたときに胸の奥がぎゅっとなる」

日経新聞が2023年2月に実施した読者アンケートでは、外からの圧力だけでなく、「生きている意味がわからなくなる」という内在する悩みを吐露する回答も多かった。

子供のいない60代の女性に取材したところ「普段は子供がいないことなど何も意識しないで過ごしている。ただ、ふとしたときに胸の奥がぎゅっとなることがある」と話してくれた。

子供がいない理由は様々で、皆が苦しんでいるわけではない。なんとなくそうなったという人が実際には多く、全体から見れば苦しむ人は少数かもしれない。苦しみを強調すること自体が偏見を助長するともいえる。
ただ、少数かもしれなくても悩みを抱えている人がいるとしたら、子供を持たない人生についてどのように向き合ったらよいのだろう。

識者と考える
少子化・無子化
5

生きる意味をどう考えたらいい？

▼早稲田大学●森岡正博 教授（生命哲学）

子供を持つか持たないかの悩みの根源には何があるのか。生命哲学を研究する早稲田大学の森岡正博教授に取材で話を聞いた。

――生きる意味をどう考えたらよいのでしょうか。

「人類は古代から世界中でそれを考えてきた。最近では20世紀中ごろにフランスのサルトルらが『実存主義』という観点から、社会の中で生きる意味を問いかけ、学生運動などに大きな影響を与えた。その後やや下火になっていたが、この10年ほどまた、『人生の意味の哲学』が活発になってきた。例えば、社会貢献することが人生に意味を与えるのかどうかなど、様々な議論がなされている」

――子供の有無は人生の意味に関係すると思いますか。

「そういう考え方もある。人は大きな流れの中に位置づけられると意味を感じやすいというのは、共感する人も多いのではないか。例えば大きな組織の中で、自分は有意義な仕事をしていると思うことは、生きる意味になるのでは。それと同じことで、祖父母、親、自分、子供、孫というような血筋の流れに組み込まれることは人生の意味になるという考えだ。ただ、それに反対する考えもたくさんある」

――地域的な強弱もありますか。

「血筋に組み込まれることが人生の意味になる、というのは東アジアの儒教圏で強い考えだ。良いか悪いかは別として、男系の流れをつないでいくという考えが日本にも根強く残っている。それは東アジアの少子化の一因になっているかもしれない。戦後、建前上は男女平等になったが、実際は女性を『産む機械』と捉えるような男系・家父長制の考えが残り、近代化されそのような考え方に納得できない女性が板挟みにあってしまう」

――子供をつくることが人生の意味になりやすい社会は、子供を持たない人が苦しみを抱えやすい構造だといえますか。

「そうだ。子供がいないことに対し、家族や親戚からの圧力を受けやすい。男性だけでなく、女性も男性の視点を内面化しているので、あちこちから言われることになる。家族思いで、家族の期待に沿いたいと思う人こそキツいだろう」

「従来の社会の価値観から大きく外れると、実存的な、つまり深刻な心の問題を抱え込むことになる。特に今の日本では女性の方が価値観の外側にはじき出されやすく、生きづらい。それなのに、社会が提示する解決策は『少子化をなんとかしなくては』『女性が産みやすい社会にするには』ということで、子供を持たない生き方を認める、という方向にはなかなか向かわない」

――どうしたらよいでしょうか。

「すごく難しい状況だと思う。社会の流れにあらがおうとしても、『少子化が進むと日本が大変なことになる』と脅されてしまう。そうしたマス（大衆）の圧力から自分の身を守るための考え方を持っておくことは、子供がいないことで悩んでいる人の心の支えに少しはなるかもしれない」

――考え方とは。

「哲学というのは結構極端なことも含め、理詰めで考える学問だ。哲学の次元で話をすれば、本来は『なぜ少子化を解決しなくてはいけないのか』という問いがあってもいいはずだ。日本人が減っても、他の国が栄えれば人類としてはそれでかまわないのではないか。また人類はそもそも存在すべきなのか。急な変化は困るかもしれないが、ゆっくりとなら人類は消滅してもいいのでは。そう考えることもできる」

「こうした人類の行方といった大きな話には二面性がある。産む産まないといった実存的悩みを抱えている人には響かない一方で、人類は消滅してもかまわないという話に比べれば、個人の実存的な悩みは目の前が真っ暗になるほどの話じゃないな、とも思える。どれほど有効かわからないが、このような視点が苦しんでいる人の助けになればよいなと思う」

――人生の意味の考え方には他にもいろいろありますね。

「もちろんそうだ。自分が興味を持っていることに深く満足することも1つの考え方としてある。例えば本当に好きな趣味を一生追求した人生は本当に意味があるかもしれない。それは社会や家族に忖度《そんたく》することなく自分だけで達成できることかもしれない。人生の意味の考え方は多種多様であり、哲学者たちも人生の意味の哲学という分野を今作っているところだ」

もりおか・まさひろ　東京大学大学院博士課程単位取得後退学、大阪府立大学で博士号（人間科学）。「生命の哲学」を研究し、著書に反出生主義を論じた『生まれてこないほうが良かったのか？』など。

※インタビューは2023年6月に日経電子版に掲載した

友人たちと過ごす時間が最も少ない日本人

子供がいないことの不安の1つとして「孤独」「孤立」が挙げられることが多い。

これについては定量的な分析もある。東京都立大学の阿部彩教授の研究では、子供がいない場合、社会的サポートが欠如しがちなことが示されている。

確かに日本は、先述した身元保証といった問題だけでなく、情緒面でも家族との交流を重視する人が少なくない。

国際比較もある。2005年のOECDの調査によると、日本は友人などと一緒に過ごす

図表4-7 友人、同僚、社会の人と過ごす時間がない人が日本は多い

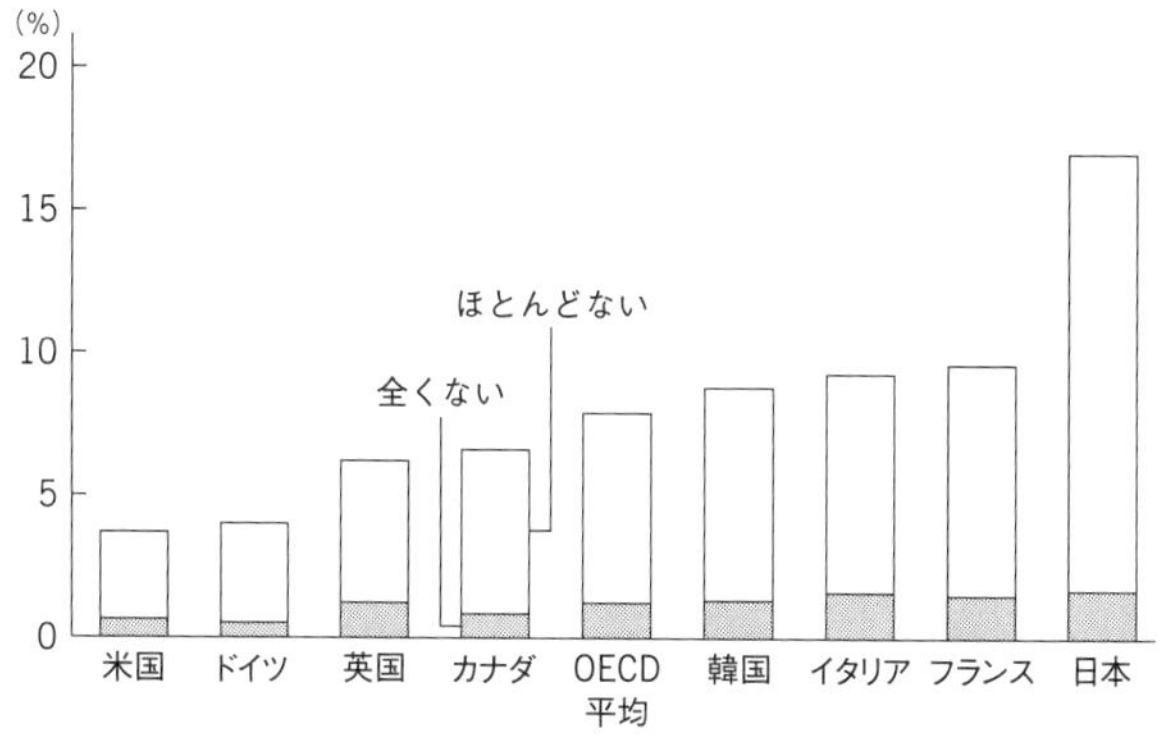

(出所) OECD「Society at a Glance 2005」から作成

時間がほとんど無い人の割合が、調査対象の20カ国の中で最も高い。つまり家族以外とのつきあいがほとんどないということだ。

子供がいてもいなくても孤独になりがちな構造

ただ一方で、子供や配偶者がいるから心から幸せである、とは必ずしも言えないというのも多くの人が感じるところではないだろうか。

例えば、子供がひきこもりになり、80代の親が50代の子の面倒をみる「8050問題」は深刻だ。自分の死後いったい子供はどうなっていくのかという不安を抱えながら、親

は年を取っていく。取材で出会ったある高齢女性は「中年でひきこもりの娘からは、育て方が悪かったと言われる。自分としては一生懸命育てたつもり。私もいっぱいいっぱいで誰かに助けてもらいたい」と吐露していた。またひきこもりでなくても、様々な理由で疎遠になる親子は少なくない。

孤独について見ても、日本人全体が孤独である傾向が強い。2020年度の内閣府の調査によると、調査対象の米国、ドイツ、スウェーデンに比べて日本は「親しい友人がいない」人の割合が高く、男性では4割にものぼる。

人々を孤独や孤立へと導く要因は様々だが、あえて社会の構造問題の1つを挙げるとすると、日本人の長時間労働があるだろう。学校を卒業後、40年、50年にわたり、週5〜6日、8時間以上の仕事をし、家と職場を往復していれば自然と会社以外の人々とつきあう時間はなくなってしまう。仕事を失い、気がつけば1人、という人は少なくないだろう。

特に会社員は、給付が手厚い厚生年金や、負担が少ない健康保険組合など社会保障が安定しているというメリットがあるものの、通勤時間が長かったり、家と職場が離れていたりして地域などとのつながりは作りにくい。

働き方が柔軟な自営業やフリーランスを選んだとしても、必ずしも時間の余裕を持ち、友人との交流などに充てられるとは限らない。会社員と比べ国民年金など社会保障が手薄であり、経済的に不安であれば、より長く働かなくてはならない。経済的困窮と社会的孤立の二重苦に陥る可能性さえある。

筆者が取材で出会った男性は、60代で離婚し、転居先の家を探していた。自営で配達業を続けてきたが、人とのつながりは薄く、保証人になってくれるような知り合いは誰もいなかった。子供もいなかった。お金もなかった。行き先がなくなり、自殺未遂をおこしていた。

日本人の孤独の背景にはこうした社会システムの問題もある。社会保障制度を働き方に対して中立にした上で、生産性を上げながら長時間労働を削減していくという壮大な取り組みが必要になる。

子供のいない男性の姿は

所得が足りない？　諦めている？　奥手だから？

ここまで長く女性の問題を中心に無子化について述べてきた。だが、前項でも述べたとおり、男性の方が孤立しやすいなど深刻な影響がある問題である。

男性の無子については研究が少ない。国によっても傾向がバラバラで、高学歴の男性や専門職の男性は子どもがいない可能性が高いという分析もあれば、別の国ではその逆であるといった分析もある。

日本については、所得が低いほど結婚をせず子供を持たない可能性が高いと言うことは1章で示した。また、もともとは子供を持つ意欲はあったが人生のどこかの時点で諦める「放棄型」の無子が多いという分析もある。

いつか子供がいてもいいかなあ、と薄ぼんやり思ってはいたが、歳を重ねるにつれ、結婚もう難しいし、別にいまさら子供を育てる気にもならないし、特に何も考えない、というような人だ。筆者の周りにも、経済的にも人間的にも問題はないが、なんとなく奥手で結婚しないままいる、という男性は少なくない。男性の未婚・無子は、文化的側面など女性より因数分解がしにくいように思う。

識者と考える
少子化・無子化
6

男性にとっての結婚とは、子供を持つこととは

▼田中俊之●大妻女子大学　准教授（男性学）

男性にとって結婚や子供はどういう意味があるのか。男性学の田中俊之・大妻大学准教授に話を聞いた。

――男性の未婚率が女性より高い背景をどう考えますか。

「50歳時点の未婚率を見ると、最新の2020年国勢調査で男性が28％、女性が17％。男性の方が10ポイントほど高い。男女の人口には大きな違いがないわけだから、再婚の男性と初婚の女性のペアが生まれることにより、男性が余る状況が生じていると考えるのが妥当だ。お金がある男性は繰り返し結婚できるが、お金がないとあぶれてしまう」

――女性が男性に経済力を求める傾向は昔からあったのではないでしょうか。

「男性の中で所得の二分化が進んでいるため、結婚も二分化が進むということだろう。かつては多くの人が『中間層』と思える収入があったが、今はそうではない。1990年代以降の就職氷河期に社会へ出た世代が年をとるにつれ、そうした状況は進んできた。基本的には取り返しのつかない問題だ」

――「男性が稼ぐべきだ」という意識は根強いですか。

「緩んできてはいる。1990年代の研究によると、『家族を養い守るのは男の責任である』という質問に対して、性別・年齢・学歴問わず9割の人が『そう思う』『どちらかという『そう思う』と答えた。それが2000年代の調査では8割に落ちており、今はさらに少ないだろう」

「ただ、社会が変わったとしても本人がどう感じるかは別問題だ。男性の場合、『普通に生きていれば自然と結婚して大黒柱になる』と思っていたのに、その『普通』にさえなれない、絶望的に手が届かない、という苦しさはかなりあると思う。主観的には深刻な問題だ」

――日本では結婚をしないと、子供を持つ可能性も低いです。子供を持たない場合、女性は悩みを抱え、仲間で集まる動きがありますが、男性にはあまり見受けられません。

「男性の場合、子供を持たない悩みというのは女性と比べると少ない気がする。そもそも『自分の子供』という観念は戦後に急速にうえ付けられたものだ。戦前は子供ができなければ養子をもらっていた。『家』の存続は大事だったが、実子でなくては、という観念は強くなかった」

「戦後は『家』意識が薄れ、女性は『自分の子供を産むべきだ』という感覚を内面化していった。男性は経済的に成功することで妻や子供がついてくるという感覚が定着した。その結果、男性の場合は子供を持てないことより経済的に成功できないことへのがっかり感の方が大きいだろう」

――日本経済新聞社の読者アンケートでは男性の方が結婚や子供を持ちたいという意欲が強い傾向が見られました。

「結婚が『男らしさ』の証明だと思っているからではないか。家族を守るのが男の責任で、『結婚している俺』『子供がいる俺』『それを養っている俺』という感覚だ。人生を共に過ごすパートナーがほしいとか子育てを頑張りたいというのとは違うのかなと思う」

――「男らしさ」など内面化された価値観は変わらないのでしょうか。

「人間は若いころに主流だった価値観にどうしても縛られてしまう。『結婚して子供を持つ』というような典型的なライフコースが崩壊しているのに、今の40～50代はそう思って育っていない。古い価値観を持っているのに社会が変化してしまった。過渡期だ

図表4-8 男性の方が結婚への意欲が高い

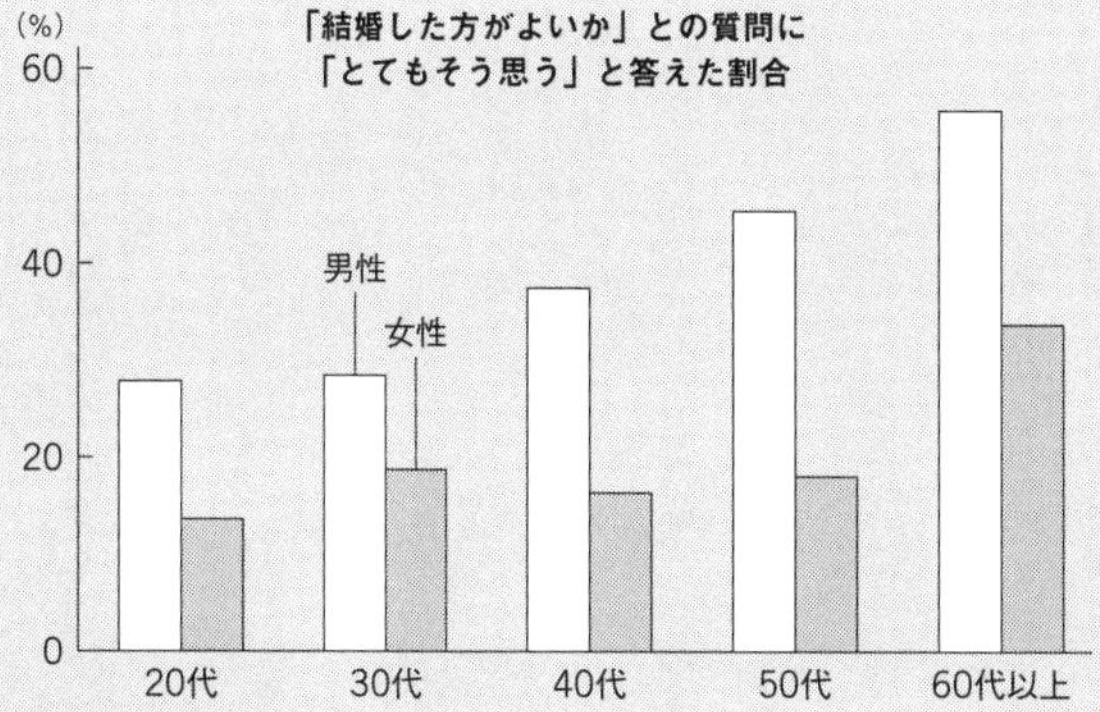

（出所）日本経済新聞社

からすごくきつい」

――これからの若者は違いますか。

「今の若者はそもそも典型的なライフコースってないよね、と思って育っている。結婚しなかったり子供を持ったりしなくても、今の40～50代が感じているような悲しみやプレッシャーは感じない可能性がある」

――男女問わず、進んで結婚しない人もいます。

「国立社会保障・人口問題研究所の調査で『一生結婚するつもりがない』という人が

1割を超えている。これはすごい数字だ。もちろん収入の問題などで諦めている人もいると思うが、それだけではなく積極的に『1人で生きていく』という人が出てきている」

――なぜでしょうか。

「様々な背景があると思うが、一つにはセクシュアルマイノリティの人が無理に異性と結婚しなくてもよくなったことがあると思う。かつての『皆婚社会』では結婚していないと奇異な目で見られていた」

「国家政策の矛盾も影響しているだろう。例えば『女性活躍』と言いながら、フルタイムで共働きしようとすれば厳しい現実がある。国がどんな家族像を目指すのかよくわからない中で、結婚のメリットを感じないという人が出てくるのは当然だ」

――少子化が進みます。

「これまでの日本は『会社員の夫と妻、子供は2~3人』という生き方に無理やり押し込んできた。無理なのに、なぜみんなが飛びついたかというと、それが経済的に豊かになれる方法だったからだ」

「今の若者にはピンとこないと思うが、私の親世代だと、ごはんが食べられないなどの経験があって、ただ『安定的に食べられる』とか『畑仕事しなくていい』などがかなえば幸せだった。しかし、それはもはや通用しない」

――どうしていったらよいでしょうか。

「むしろ『普通』の枠を壊していった方がいい。例えば、同性カップルが養子を育てることを容易にするなど、選択肢を増やしていくことが大切だ。2023年に、批判が殺到して撤回された埼玉県の『子供放置禁止』の条例改正案が典型だが、家族を型にはめようとするほど、子供を持つ人は減っていく。そういうことをやめたときに子を持つ意欲が出てくる可能性はある」

たなか・としゆき　1975年生まれ。武蔵大学人文学部卒。同大大学院で博士課程単位取得後退学、大正大学心理社会学部准教授などを経て、2022年から現職。専門は男性学。

※インタビューは2023年6月に日経電子版に掲載した

無子化の進む未来のためにできること

無子率の上昇は、社会保障の見直しを迫る。財政維持の観点から独身税といった案も常に浮上するが、現在の日本では、子供の有無にかかわらず結婚しているだけで恩恵を受ける制度などがあることも理解しておきたい。

むしろ子供を持たない人自身が、どのように高齢期を安心して迎えられるかを真剣に考える必要がある。貧困、住居、身元保証など課題は多岐にわたる。

心の問題もある。多様な生き方に対する社会の寛容度を高めながら、偏見をなくしていかなくてはいけない。孤独を抱える人も、抱えない人もいる。心の葛藤に万能薬はないが、自分たちが所属する社会を時に俯瞰してみることで、一人ひとりが気づくこともあるはずだ。

0と1の間にあるもの

実は共通する課題

子供を1人も持たない人を0、子供を1人持つ人を1、子供を2人持つ人を2……と表現していくと、0が増えていますよ、というのがこの本で説明してきたことである。

少子化問題から見ると、0と1の間にはさほど違いはない。0は1に、1は2に、2は3に、ともっともっと産んでほしいという、連続の中の1つにすぎない。

一方で個人から見ると、0と1の間には、時に深い溝が存在する。その1つは高齢期の問題、1つは心の問題になるように思う。

日本では家族がいないと老後も安心して暮らせない、子供を持たないと時に肩身が狭い気持ちになる。これらの問題は解決していく必要がある。人々を不本意に0の道へと押し流していく社会構造があるなら、それも改善していかなければならない。

一方で、0と1の間の溝というのは、実は存在しないのかもしれないとも思う。人の寿命は長くなり、住む場所もライフスタイルも多様になった。自身の高齢期に子供がどこにいて、自分とどのような関係にあるかは誰にもわからない。ある子供を持たない50代の女性は取材に対し「自分たちの老後不安は、実はこれから誰もが抱えうるものなのではないか」と話してくれた。0が直面する問題は、1、2、3……と続いていく人々に実は共通する問題なのだろう。

0と1の分岐点は誰にでも明確に表示されているわけではない。本当にちょっとしたことで、人生というのは変わる。ある日、つまらないことで恋人とけんかをして別れてしまったというようなことでもだ。

月並みな結論だが、大切なのは個人がどのような生き方をしても安心して暮らせる社会にすることだ。国の立場で考えると、「安心」な社会でも子供を持たない人は増えるかもしれないという懸念は残る。だが、「安心」でない社会では子供は増えていかない。

多数派ではない存在であること

子供を持たない人と、現在子供を育てている人には一致点もある。どちらも社会の中で多数派に属することはないということだ。

子供を持たない人が、現在の予測で最大限増えたとしても5割を超える可能性は少ない。同じ世代の中ではいつでも多数側にはならないのである。それゆえ、これまで述べてきたような偏見にさらされてしまうことがある。

一方で、子供を育てる人たちもある面からすると少数派である。厚生労働省が2023年に発表した国民生活基礎調査では、18歳未満の児童を育てる「子育て世帯」は、991万世帯で、1986年の調査開始以来、初めて1000万を割り込んだ。「子育て世帯」が全世帯に占める割合は18・3%で2割に満たない。

社会の多くは、「かつて子供を持った世帯」が占める。核家族で共働きしながら子育てをするといった現代の「子育て世帯」に社会が必ずしも十分な理解があるわけではない。

子供をもったことが「ある」、子供を十分にケアした経験が「ある」というマジョリティは、子供をもったことが「ない」、十分なケアの時間が「ない」といったマイノリティを時に無意識にも否定する。

「ない」側に、別の人生の楽しみや、新しい家族の形が「ある」場合でも、既存の「ある」側の人たちは、得てしてそれに気がつきにくい。

気がついてもらわなくてもよいとも言えるが、人間は社会的な生き物でもあり、否定されれば傷つくこともある。

そして社会の制度はかわらないまま、諸問題は個人の責任に転嫁される。

大事なことは、多数派ではない同士が不信感を抱くような社会環境をつくらないことだ。例えば、子育て世帯の仕事を、子供を持たない人が無償で負担するといった状況はなくすべきだ。生産性を上げ、全員の仕事量を減らそうとする視点をまず持つ必要がある。

子供を持つ人にも葛藤、世界で

子供を持たないという新しい生き方についてまだ当事者も含めて社会は模索を続けている。世界では「child free」を掲げる人もいれば、「childless not by choice」と掲げる人々もいる。

英国人女性が中心となり２０１７年から始めた「world childless week」も毎年9月に開催されている。オンラインでの集いなどが同時期に世界１００カ国以上で行なわれているという。

子供を持つ人の中にも葛藤がある。イスラエルの社会学者オルナ・ドーナト氏が著した『母親になって後悔してる』がベストセラーになるなど、様々な国で女性が中心となり、子供を持たない生き方や社会のあり方について発信し、考えている。

日本に存在した「独身婦人連盟」

日本では古くは１９６９年に「独身婦人連盟（通称どくふれん）」という集まりが発足して

いる。立ち上げたのは大久保さわ子氏という女性だ。大久保氏は1926年生まれで、小学校の先生や労働基準監督官、神奈川県議などを務めた。

大久保氏の著書『攻めの人生を生きる』ではこう伝えている。

役所・会社を通じて（中略）とくに強く感じたのは、ハイ・ミスたちの「冷遇」ぶりだった。会社からはいつも白い眼で見られ、職場の男性からはいびられ、若い女性たちからは「いじわるおばさん」扱いされる。

「ハイ・ミス」は、結婚しない独身女性を侮蔑する差別表現だが、当時は普通に用いられていた。

そして大久保氏は、終戦後に適齢期の男性が女性より少ないことに着目している。

終戦後、15～25歳の結婚適齢期にあり、現在35～45歳の中年期にある独身女性たちである。彼女たちは、戦争のために配偶者となるべき多数の男性を失っている。国勢調査

（１９６５年）によれば、35～49歳（終戦時15～29歳）の女性と、40～54歳（終戦時20～34歳）の男性とを比べると、２５５万人も男性の方が少ない。

そうした背景の中で独身の女性たちが孤独と不満を抱えているとして、「どくふれん」を立ち上げた。そして彼女たちの声を聞き取りながら社会的課題を挙げているが、老後のこと、低年金、住宅問題と今と大きくは変わっていないことに驚かされる。ずっと昔からあった問題を、日本は放置してきたまま現在に至っているということだ。

現代の日本で広がる子供がいない人の集い

現在も子供を持たない人の集いの場がある。第1章で紹介した、くどうみやこ氏は、子供がいない女性たちの生き方を応援する「マダネ　プロジェクト」を主宰している。自身が子供を持たないとわかったときにその先のロールモデルが見えなかったため、始めたプロジェクトだ。マダネでは、会への参加要件は「子供がいない」ということだけで、その理由や年代を問わず様々な人が参加している。くどう氏は近年、不妊治療クリニックなどで、子供を持つ支援だけでなく、持てなかったことへの支援も必要なことを伝える講演活動もしている。

一般社団法人WINKは、キャリアコンサルタントの朝生容子氏らが中心になり、子供がいない人たちの交流や勉強会を開いている。

朝生氏は、かつて「ダイバーシティ」を掲げるシンポジウムに参加したところ、その内容のほぼすべてが「ワーママ（働く母親）」についてだったのを見て、「まるで子供がいない自分は社会に存在しないかのような、透明になったような気持ちになった」という。

2014年にSNSでグループを作り、その後、一般社団法人になった。ファイナンシャルプランナーや行政書士などの資格を持っている人たちと共に、老後をいかに生きるかを考え、学びつつ支え合える仲間づくりをしている。男性の参加者もいる。

こうした会が存在するというのは、今の日本には0と1の間になにかしらの溝があるということの証左でもあるだろう。人々がつながり、共鳴し、考え、発信していく動きが広がっていくとよいと思う。

おわりに

無子化を語るのは日本全体を語ることに近い。人口学、社会学、歴史学、経済学、財政学など様々な知識が必要になる。学者でもない新聞記者には重いテーマであり、それぞれの専門家からお叱りを受けるだろう内容ではないかと思う。批判があれば謙虚に受け止めたい。

ただ、新聞記者というのは様々な人と会いながら社会を横断的に考えるということができる仕事でもある。そして一般の人は、専門家の深い鋭い知識だけではなく、そうした横断的な情報も必要としているのではないかと思って、勇気を振り絞って本書を執筆した。主に2023～2024年にかけて取材をして記事にした内容がベースになっている。

第1章では、子供を持たない人の声を集め、その背景について分類、考察した。第2章では、少子化問題との兼ね合いを検討した。第3章では無子の歴史と、近年日本で増えてきた経緯について説明した。第4章では、無子の人が増える社会の課題を示した。

残念ながら男性の無子について本書ではほとんど記述をすることができなかった。研究が少なく、かつ当事者の動きも表面化していないためだ。筆者が女性ということも影響していると思う。今後、調べていかなくてはならないテーマだと感じている。

本書を執筆するきっかけとなったのは、2023年に執筆した「生涯子供なし、日本突出50歳の女性の27%」という1本の雑報だった。その反響は大きかった。日本が子供を持つ持たないことに対してとても敏感になり、そして不安や苦しみを抱えている人が多いということを示唆していた。実際に、政府が少子化問題を振りかざす一方で、子供を持っていない人たちの声というのはあまり顧みられてこなかったと思う。

日本の少子化問題においては、長らく女性の働きにくさに焦点が当てられてきた。本書でも述べたように、それは男女の不平等が強く残る日本にとって大きな課題であったし、これからもそうであることは間違いない。

ただ、今後は、その問題を残しながらも、経済的な格差の問題が大きくなっていく可能性がある。筆者は、それに伴って社会的な関心が薄れていくのではないかということを懸念している。経済的な困窮は「自己責任」と片付けられやすいからだ。

ある社会階層では子供がたくさん生まれ、ある社会階層ではほとんど子供が生まれないというような日本社会になったらどうだろうか。それは健全な社会であるのだろうか。あるいは持続可能な社会だろうか。

一方で、人は現在ある状況に適応し、慣れていく生き物でもある。今どれだけ経済的負担が減ろうとも、かつての女性のように子供を7人も10人も産みたいという人は少数派であろう。子供を持たないことがある程度当たり前になれば、むしろなぜ子供を持つのかという理由が問われる時代がやってくるかもしれない。

子供を持つことと密接な関係があるセックスにも変化が起きている。セックスレスが増えているほか、インターネットで過激なアダルトコンテンツが誰でも気軽に見られるようになったことで、それに慣れた若い男性の性能力が低下しているとも世界で指摘されている。

一方、マッチングアプリの台頭で、異性と出会いセックスをしたり、条件に合う結婚相手に出会ったりすることはかつてなく容易になっているともいえる。

社会情勢も刻一刻と変化している。日経平均株価は最高値をつけ、賃上げのムードも高まる。長く続いたデフレからインフレの時代へと移り変わりを見せている。多子世帯の大学無償化など子育て支援メニューもかつてより充実してきている。一方で、都市部への人口集中が進み、住宅価格は高騰している。

若者の子供を持つ意欲は下がり続け、「子供を持ちたいけど持てない」から「無関心」へと変化してきている可能性もある。その先に行き着くのは、多様で自由な社会なのかもしれないし、多様で孤独な社会なのかもしれない。日本人にとって、世界中の人にとって、結婚や子供を産み育てる意味はどう変化していくのだろうか。それに伴って社会はどう変化していくのだろうか。筆者も取材を続けながら、見守っていきたいと思う。

本書の刊行にあたり、記事を見て書籍化を提案してくださった日経ＢＰの編集者である渡辺一氏、それを引き継ぎ最後まで伴走してくださった伊藤真理江氏に心より感謝を伝えたい。渡辺氏の発案がなければ本書は存在しなかった。伊藤氏の迅速かつ的確な編集指示により、本書をまとめあげることができた。

2024年4月

福山絵里子

引用・参考文献

- 守泉理恵「日本における無子に関する研究」、国立社会保障・人口問題研究所、2019年
- 守泉理恵「日本における無子男性に関する分析」、厚生労働省、2022年
- 阿部彩「日本におけるチャイルドレスと社会サポート」、国立社会保障・人口問題研究所、2021年
- 吉田忠雄「人口思想と人口政策―とくに福祉政策について―」、明治大学社会科学研究所、1971年
- ポール・モーランド『人口で語る世界史』、文藝春秋、2019年
- 荻野美穂『「家族計画」への道―近代日本の生殖をめぐる政治』、岩波書店、2008年
- 山崎史郎『人口減少と社会保障』、中央公論新社、2017年
- 汐見稔幸ほか『日本の保育の歴史：子ども観と保育の歴史150年』、萌文書林、2017年
- イザベラ・バード『日本奥地紀行』、平凡社、1973年
- ベティ・フリーダン『新しい女性の創造　増補版』、大和書房、1986年
- 神谷美恵子『旅の手帖より』、みすず書房、1981年
- 阿藤誠『現代人口学　少子高齢社会の基礎知識』、日本評論社、2000年
- 阿藤誠「日本の超少産化現象と価値観変動仮説」、国立社会保障・人口問題研究所、1997年
- 阿藤誠「国際人口開発会議（カイロ会議）の意義」、国立社会保障・人口問題研究所、1994年10月

- 鬼頭 宏『人口から読む日本の歴史』、講談社、2000年
- 上野千鶴子『近代家族の成立と終焉』、岩波書店、2020年
- 山田昌弘『家族難民―中流と下流 二極化する日本人の老後』、朝日新聞出版、2016年
- 酒井順子『負け犬の遠吠え』、講談社、2003年
- 永瀬伸子・寺村絵里子編著『少子化と女性のライフコース』、原書房、2021年
- 青柳まちこ「常識的モデルから外れた女性たち」『家と女性―暮しの文化史』、小学館、1985年
- 大久保さわ子『攻めの人生を生きる』教育史料出版会、2006年
- 中村 真理子「日本における婚前交渉の半世紀：未婚者の性行動はいかに変化してきたのか？」、国立社会保障・人口問題研究所、2022年9月
- 余田翔平・岩澤美帆「期間合計結婚出生率の趨勢とその背景―社会経済発展、ジェンダーレジーム、生殖技術に着目して―」、国立社会保障・人口問題研究所、2018年
- 「第二回中高年シングル女性の生活状況実態調査」、わくわくシニアシングルズ、2022年
- 「65歳以上が賃貸住宅を借りにくい問題に関する実態調査」、R65不動産、2023年
- 「第9回高齢者の生活と意識に関する国際比較調査」、内閣府、2020年
- UNFPA. “State of World Population 2023”
- OECD. “Society at a Glance 2005”
- Rachel Chrastil. *How to Be Childless*, Oxford University Press, 2019.

- Andrew J.Cherlin. *Labor's Love Lost*. Russell Sage Foundation, 2014.
- Maria Letizia Tanturri, et al. "State-of-the-art report: Childlessness in Europe" *Families and Societies Working Paper Series*, 2015.
- Michaela Kreyenfeld and Dirk Konietzka. *Childlessness in Europe: Contexts, Causes, and Consequences*, Springer, 2017.
- J.Hajnal. "European marriage pattern in perspective" in D.V. Glass and D.E.C. Eversley(eds.), *Population in History*, London: Edward Arnord, 1965.
- Donald T.Rowland. "Historical trends in childlessness" *Journal of Family Issues*, 2007.
- DJ Van De Kaa. "Europe's second demographic transition" *Population Bulletin*, 1987.
- Gary S. Becker. "An economic analysis of fertility" National Bureau Committee for Economic Research, 1960.
- Gary S. Becker. *A Treatise on the Family*, Harvard University Press, 1993.
- Quanbao Jiang et al. "Rising trend of childlessness in China: analysis of social and regional disparities with 2010 and 2020 census data" *BMJ Open*, 2023.
- Tomas Sobotka. "World's highest childlessness levels in East Asia" *Population & Societies*, 2021.
- Eva - Maria Merz and Aart C Liefbroer. "The attitude toward voluntary childlessness in Europe" *Journal of Marriage and Family*. 2012.

- Anneli Miettinen et al. "Increasing childlessness in Europe time trends and country differences" *Families And Societies Working Paper Series*, 2015.
- Ann Berrington. "Perpetual postponers? Women's, men's and couple's fertility intentions and subsequent fertility behaviour" *Population Trends*, 2004.
- Giammarco Alderotti et al. "Employment Instability and Fertility in Europe: A Meta-Analysis" *Demography*, 2021.
- Rossella Icardi et al. "Fatherhood and wage inequality in Britain, Finland, and Germany" *Journal of Marriage and Family*, 2021.

本書は日本経済新聞に掲載した記事をもとに大幅な加筆修正を行ったものです。

福山絵里子　ふくやま・えりこ
日本経済新聞編集局生活情報部記者。産業部、政治部、経済解説部などを経て現職。社会保障制度改革、少子化問題などを国・行政・企業側と生活者の両側面から取材している。

日経プレミアシリーズ｜512

#生涯《しょうがい》子供《こども》なし

二〇二四年五月八日　一刷

著者　福山絵里子
発行者　中川ヒロミ
発行　株式会社日経ＢＰ
日本経済新聞出版
発売　株式会社日経ＢＰマーケティング
〒一〇五―八三〇八
東京都港区虎ノ門四―三―一二
装幀　ベターデイズ
組版　マーリンクレイン
印刷・製本　中央精版印刷株式会社

ISBN 978-4-296-11863-2　Printed in Japan

日経プレミアシリーズ511

「指示通り」ができない人たち

榎本博明

多様性の時代と言われて久しいが、期待されて職場に入ったのに、今ひとつ評価が上がらない人がいる。指示通りに動くことができない、評価してもらえないとすぐヤケになる、やたら自己評価が高い人など……。なかなか理屈が理解できない彼らの思考法を受け入れるための本。

日経プレミアシリーズ508

シン・日本の経営

ウリケ・シェーデ　渡部典子＝訳

日本企業は世間で言われるよりもはるかに強い。グローバルな最先端技術の領域で事業を展開する機敏で賢い数多くの企業が次々と出現している。その顔ぶれ、昭和の経営から令和の経営への転換、見えざる技術・製品をベースとする事業戦略、行動様式の変革マネジメントなどを気鋭の経営学者が解説する。

日経プレミアシリーズ507

働かないニッポン

河合薫

仕事に熱意のある社員は5％しかおらず、世界145カ国中最下位――今、何が日本人から働く意欲を奪っているのか？〝窓際族〟と化する若手エリート、「今まで頑張ってきたから」を言い訳に会社に寄生する50代など、実際のエピソードをもとに、「働き損社会」の背景にある日本の構造的な問題を解き明かす。